手あそび感覚で表現する

手話による メッセージソング ベスト25

全曲
手話イラスト
やさしい伴奏
付き

伊藤嘉子 編著

音楽之友社

はじめに

　手話は本来、聴覚に障害のある人のコミュニケーション手段として生まれたものですが、現在では歌いながら身体でも表現する方法として、幼児から高齢者の方々まで、年齢を問わず広く活用されております。手を使って表情も豊かに歌っている人たちの姿からは、ほのぼのとした心の温もりを感じることができます。

　私が手話を活用した子どもの歌を、幼稚園の子どもたちと歌い始めたのは15年前でした。子どもたちは目新しい表現をとても喜んで、毎日、楽しく歌っておりました。1995年に「手遊び感覚で楽しめる―手話によるメッセージソング」として、子どもの歌の手話表現を初めて音楽之友社から出版していただき、その後もたくさんの手話による歌の本を出版してきました。本書はこれまで発表してきたものと未発表曲の中から、子どもや学生に人気のある歌を選んで編集したものです。

　今も教員・保育士養成校の学生や、保育現場の先生方と一緒にメッセージソングを歌っています。学生たちも自主的に、合唱の発表に手話を取り入れて歌ってくれています。その姿から、1人ひとりの心の暖かさを感じて胸が熱くなるのを覚えたりしております。

手話表現をする意義

　私たちは、幼い頃から手の表現になじんで育ってきております。まず生まれて間もない頃では、周囲の人たちが「いない　いない　ばー」と、両手で顔を隠しパッと手を開く表現をして見せます。そして大きくなっても、ご機嫌な時に「イェー」と人差し指と中指を立てたり、げんこつにして親指を立てたりしてポーズをします。

　また日常では、「○○はどこにあるの？」と聞かれたとき「そこにあるよ」と人差し指でその物のほうを指差します。「駅はどこでしょうか？」と人に尋ねられた時に「この道をまっすぐ行って、信号を右に行けば駅が見えます」と道を教えるのでも、手や指でその方向をさしてあげたほうが、相手も言葉だけより理解できます。これも立派な人へのメッセージです。

　人と人とのコミュニケーション、特に親しい人と会話をする時やその話題に深く入り込む時は、知らず知らずのうちに手が動いています。テレビに出ている人たちの姿を見てもわかるように、伝達したい内容が強ければ強いほど、手は大きく表現され訴えを強調しています。それだけ〈手〉は大切なメッセージを助けているのです。

　歌と手話表現をすることにより、次のような利点が生まれます。

①歌詞の言葉の意味が早く理解できるようになり、表現力が豊かになる。
②音楽は始まると止まらないので、歌詞に合わせて表現するため、リズム感がよくなる。
③歌詞から早く手話が理解できるようになる。
④慣れてくると、小さな手話で会話ができるようになる。
⑤手話表現は心から表現するため、思いやりの心が育つ。
⑥脳の活性化と共に、想像力を高めることができる。
⑦音楽療法の一環としてリハビリに活用できる。

　などがあげられますがその効用を得るために手話表現に取り組むのではなく、歌を心から歌い、歌の素晴らしさを全身で表現するうちに、結果としていろいろな効果ができるものです。

　なお本書で使われている表現の多くは「日本語－手話辞典」（全日本聾唖連盟日本手話研究所編）に代表される標準的な手話ですが、手話の専門家と相談して独自の表現を採用している部分もあります。また文章を翻訳するのと違い、一字一句、手話に直訳するのではなく、歌のリズムや流れに合わせて表現しております。

2008年早春　著者

（目 次）

はじめに……………………………………………………………………2

1. あの青い空のように……………………………………………………6
   作詞・作曲：丹羽謙次　編曲：伊藤嘉子

2. ありがとう・さようなら………………………………………………10
   作詞：井出隆夫　作曲：福田和禾子　編曲：伊藤嘉子

3. 犬のおまわりさん………………………………………………………17
   作詞：佐藤義美　作曲：大中恩

4. 大きな古時計……………………………………………………………23
   作詞：保富庚午　作曲：ワーク　編曲：伊藤嘉子

5. オニはうちでひきうけた………………………………………………31
   作詞：新沢としひこ　作曲：中川ひろたか　編曲：伊藤嘉子

6. 思い出のアルバム………………………………………………………36
   作詞：増子とし　作曲：本多鉄麿　編曲：木許隆

7. 切手のないおくりもの…………………………………………………45
   作詞・作曲：財津和夫　編曲：木許隆

8. ケンカのあとは…………………………………………………………51
   作詞：荒木とよひさ　作曲：三木たかし　編曲：木許隆

9. さようなら………………………………………………………………57
   作詞・作曲：倉品正二

10. さんぽ……………………………………………………………………63
    作詞：中川李枝子　作曲：久石譲　編曲：木許隆

11. 世界中のこどもたちが…………………………………………………70
    作詞：新沢としひこ　作曲：中川ひろたか

12. せんせいとお友だち……………………………………………………75
    作詞：吉岡治　作曲：越部信義　編曲：木許隆

13. 小さな世界……………………………77
作詞：R.M.シャーマン　作曲：R.B.シャーマン　日本語詞：岩谷和子　編曲：木許隆

14. 手のひらを太陽に……………………………85
作詞：やなせたかし　作曲：いずみたく　編曲：木許隆

15. ともだちになるために……………………………90
作詞：新沢としひこ　作曲：中川ひろたか　編曲：伊藤嘉子

16. どんな色がすき……………………………96
作詞・作曲：坂田修　編曲：伊藤嘉子

17. にじ……………………………102
作詞：新沢としひこ　作曲：中川ひろたか

18. にんげんっていいな……………………………108
作詞：山口あかり　作曲：小林亜星　編曲：伊藤嘉子

19. 野に咲く花のように……………………………115
作詞：杉山政美　作曲：小林亜星　編曲：木許隆

20. 花さき山……………………………122
作詞・作曲：瀬戸口清文　編曲：木許隆

21. Believe……………………………125
作詞・作曲：杉本竜一

22. 故郷（ふるさと）……………………………135
作詞：高野辰之　作曲：岡野貞一　編曲：木許隆

23. ホ！ホ！ホ！……………………………140
作詞：伊藤アキラ　作曲：越部信義　編曲：伊藤嘉子

24. みんなともだち……………………………147
作詞・作曲：中川ひろたか　編曲：伊藤嘉子

25. 森のくまさん……………………………154
作詞：馬場祥弘　アメリカ民謡　編曲：木許隆

1. あの青い空のように

作詞・作曲●丹羽謙次　編曲●伊藤嘉子

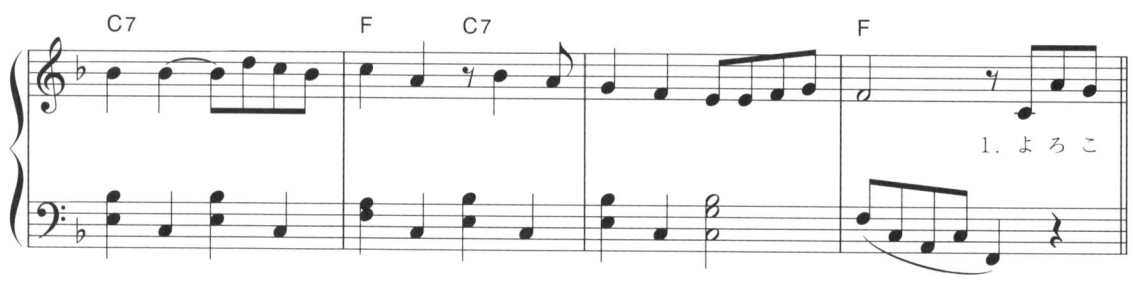
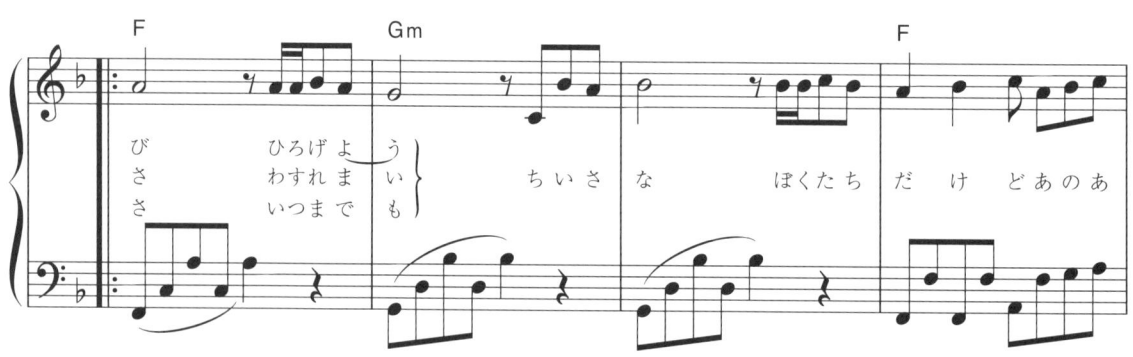
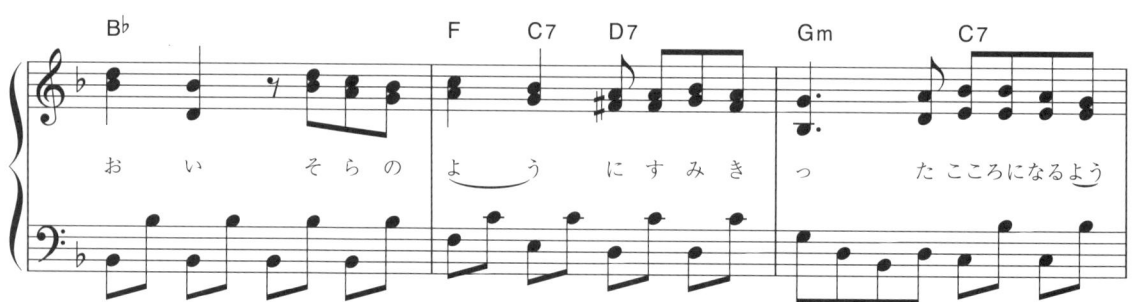

1. あの青い空のように

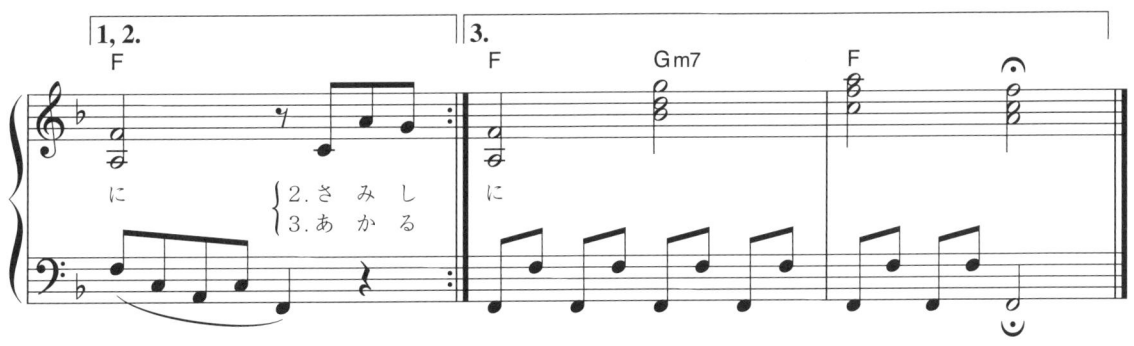

番

1. よろこび

両手を胸の前で、交互に上下させる。「喜び」「うれしい」「楽しい」などの手話

2. ひろげよう

手のひらを自分のほうに向け、揺らしながら左右に開く。「たくさん」「増やす」などの意味

3. ちいさな

下に向けた手のひらを揺らしながら左右に開く

4. ぼくたち

両手の親指と小指を出し、胸を2回打つ

5. だけど

両手の親指と小指を立て、手首をひねりながら左右に広げる

6. あのあおい

空のほうを指差す。「空」自体にニュアンスが含まれているため「青い」は省略

7. そらの

「空」は上に向かって弧を描き、上方の空間を表す。一般的には片手で行う

8. ように

親指と人差し指を閉じたり開いたりする。「同じ」の手話。ここでは片手は空のほうに

9. すみきった

左の手のひらに直角に右手を重ね、前方に出し、何も汚れがないことを表す

10. こころに

左手はそのまま残し、右手人差し指で床を指す

ハートを押さえる

2番

なるように

右手も重ね「なる」を表現する

11. さみしさ

心臓のあたりで、右手親指と4本の指を閉じる。寂しい表情でうつむく

12. わすれまい

「覚える」の手話。普通は右手を頭の横で閉じるが、ここでは右手は前の動作のまま

13. ちいさな

3から10の動作を繰り返す

ぼくたち

だけど

あのあおい

1. あの青い空のように

そらの	ように	すみきった	こころに

3番

なるように	14. あかるさ	15. いつまでも	16. ちいさな

「明るさ」の意味をとらえて「明るい」「笑顔」の手話で表現。にこにこ頬が緩む状態を表す

「ずっと続く」を表す手話。両手の親指と人差し指で輪をつなぎ、前方に押し出す

3から10の動作を繰り返す

ぼくたち	だけど	あのあおい	そらの

ように	すみきった	こころに	なるように

2. ありがとう・さようなら

作詞●井出隆夫　作曲●福田和禾子　編曲●伊藤嘉子

1番

1. ありがとう

左手甲の上に右手の小指側を軽く打ち付けてから手首を上に上げ、頭を下げる

2. さようなら

右手のひらを前に向け手首を左右に振る

3. ともだち

両手で握手し、軽く振る

4. ひとつずつの

右手人差し指を出し、軽く前後に振る

2. ありがとう・さようなら

5. えがお

両手を顔の横で開いたり閉じたりする。頬が緩む状態を表す

6. はずむ

両手のひらを湾曲させて上に向け、胸の前で軽く上下させる

7. こえ

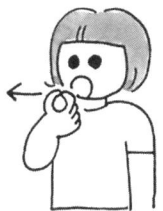

右の親指と人差し指で円をつくり、口元から前に出す

8. なつの

右手でうちわを持ってあおぐ動作をする

9. ひざしにも

両手で円をつくり、頭の上まで上げていく

左手を上にしたまま、右手の指を開いたり閉じたりする

10. ふゆの

両手をげんこつにして「寒い」という動作をする

11. そらの

右手のひらを空に向け、頭の上で半円を描く

12. したでも

右手人差し指で床を指さす

13. みんな

右手のひらを下にして、左から右へ半円を描く

14. まぶしく

上から顔に向けて右手を開いたり閉じたりする

かがやいてた

頭の上で両手の指を開いたり閉じたりする

 **2番**

15. ありがとう

1と同じ動作

16. さようなら

2と同じ

17. ともだち

3と同じ

18. ありがとう

1と同じ動作

19. さようなら

2と同じ

20. きょうしつ

両腕をまっすぐ前に伸ばしてから、手首を90度内側に曲げる

21. はしるように

走る動作をする

22. すぎた

左手の甲に右手の小指側をあて、左手を乗り越える

23. たのしい

胸のあたりで、両手のひらを交互に上下させる

24. ひ

右に向けた左手のひらに右手親指の先をつけ、人差し指を上に立ててクルッと前へ回転させる

25. おもいでの

右手人差し指でこめかみを指差してから、手のひらを下に向けてヒラヒラさせながら斜め上に出していく

26. きずが

左手親指の先に切りつけるように、右手人差し指をあてる

27. のこる

斜め前に向けた両手のひらを少し前に押し出す

28. あの

右手人差し指で前を指差す

29. つくえに

両手で机の形を描く

30. だれが

右手の甲を右頬に当てて、2回なでる

31. こんどは

手のひらを前に向け、前に出す

32. すわるん

左手の人差し指と中指の上に、右手人差し指と中指をそろえ、曲げて乗せる（いすに座る形）

33. だろう

右手人差し指と中指を上に立て、顔の横で小さく前後に振る

3番

34. ありがとう
1と同じ

35. さようなら
2と同じ

36. きょうしつ
20と同じ

37. ありがとう
1と同じ

38. さようなら
2と同じ

39. せんせい

口元あたりで、右手の人差し指を伸ばし、手首を振りおろす

40. しかられた

右手親指を立て、顔に押し付けるようにする

41. ことさえ

左手のひらを湾曲させて上に向け、斜め上で右手のひらを湾曲させて下に向け、「」の形をつくる（この表現は省略してもよい）

42. あたたかい

両手のひらを上に向け、あおぐように胸の前で小さく上下させる

43. あたらしい

両手を握って肩のあたりに置き、パッと開きながら下ろす

44. かぜに

両手を斜め上に上げ、下へ振り下ろす

45. ゆめの

右手のひらを下に向け、指先をヒラヒラさせながらこめかみのあたりから斜め上へ出す

46. つばさ

両手で羽ばたきをする

47. ひろげて

両手を胸の前から左右に広げる

48. ひとりひとりが

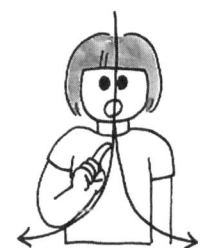

右手人差し指を上に立て、次に「人」の字を空書する

49. とびたつ

左手のひらの上に右手を直角に乗せて前に出す（出発の意）

50. とき

24と同じ

51. ありがとう

1と同じ

52. さようなら

2と同じ

53. せんせい

39と同じ

54. ありがとう

1と同じ

55. さようなら

2と同じ

56. みんなみんな

13と同じ

57. ありがとう

1と同じ

58. さようなら

2と同じ

59. みんな

13と同じ

3. 犬のおまわりさん

作詞●佐藤義美　作曲●大中 恩

1.2. まいごの まいごの こねこちゃん

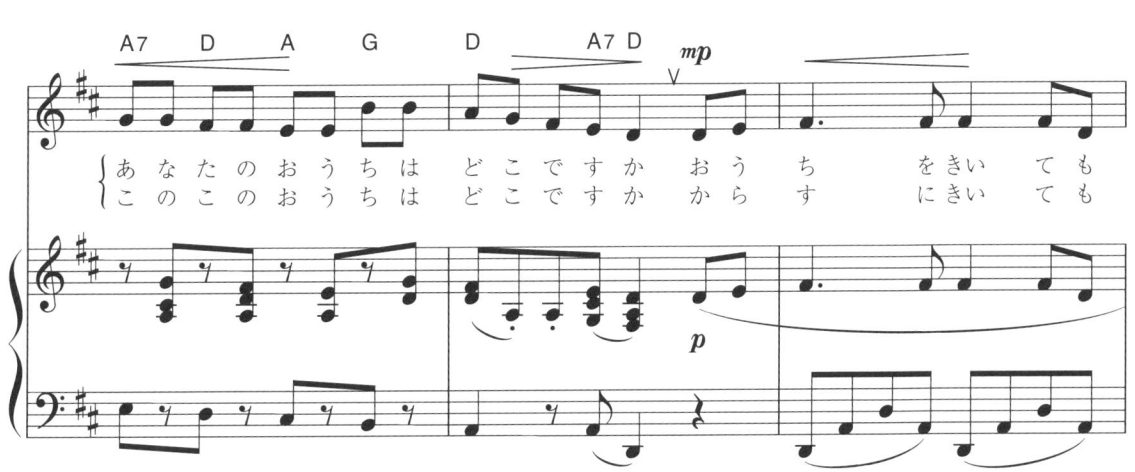

あなたの おうちは どこですか おうち を きいても
このこの おうちは どこですか からす に きいても

3. 犬のおまわりさん

番

1. まいごのまいごの

両手の甲を合わせてから左右に開く

2. こねこちゃん

握った右手で頬をなでるように丸く動かす。「猫」の手話

3. あなたの

相手または前を指差す

4. おうちは

「家」の手話。両手をつけて三角形をつくり、家の屋根を表す

5. どこですか

左手はそのまま残し、右手を湾曲させて下に向ける

右手のひらを返して上に向ける

6. おうちを

4を繰り返す

7. きいても

「聞く」「尋ねる」の手話。耳の側から右手を前に差し出す

8. わからない

右手で2回、胸の上部に触れ、払うように前方にかき上げる

9. なまえを

前に向けた左手のひらに、右手の親指を押し付ける。拇印を押す仕草を表す

10. きいても

7を繰り返す

11. わからない

8を繰り返す

12. ニャンニャン　ニャンニャーン　ニャンニャン　ニャンニャーン

「泣く」の手話。両手で目の下をこすり、泣く様子を表す

13. ないてばかりいる

12の「泣く」でもいいが、ここでは涙が落ちる様子を表す「悲しい」の手話で表現。歌に合わせて左右で（両手で表現してもよい）

14. こねこちゃん

2を繰り返す

15. いぬの

「犬」は頭に両手をつけ指を前に倒して、犬の耳を表す

16. おまわりさん

「警察」の手話。警察官の帽子の徽章で表現。人差し指と親指で円をつくり、おでこの上にあてる。フレーズから敬礼の動きを加えた

3. 犬のおまわりさん

2番

17. こまって
しまって

「困る」の手話。右手で頭をかいて、弱っている様子を表す

18. ワンワン　ワンワーン
ワンワン　ワンワーン

15の動きを繰り返す

19. まいごの　まいごの

1〜2を繰り返す

こねこちゃん

20. このこの　おうちは

3〜5を繰り返す

どこですか

21. からすに

頭の髪の毛を触る「黒」と、両手で羽を表す「鳥」の手話で、鳥を表現

22. きいても

わからない

7〜8を繰り返す

23. すずめに

親指と人差し指で輪をつくり、頬につけ、顔を上に向ける。雀の模様を表す

24. きいても わからない

7〜8を繰り返す

25. ニャンニャン ニャンニャーン
ニャンニャン ニャンニャーン

12と同じ

26. ないてばかりいる こねこちゃん

13、14と同じ動作

27. いぬの

15、16と同じ動作

おまわりさん

こまってしまって

17と同じ

28. ワンワン ワンワーン
ワンワン ワンワーン

18と同じ

4. 大きな古時計

作詞●保富庚午　作曲●ワーク　編曲●伊藤嘉子

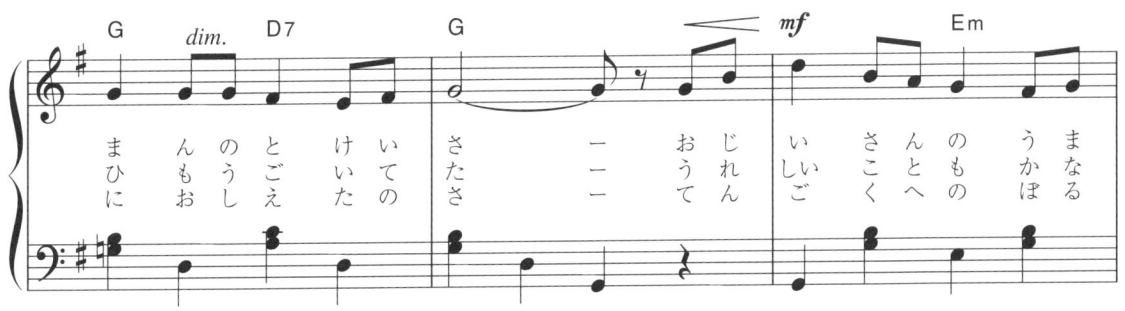

4. 大きな古時計

1番

1. おおきな

湾曲させた両手を向かい合わせ、左右に広げていく

2. のっぽの

手のひらを下に向けた右手を、上に高く上げる

3. ふる　どけい

右手人差し指を曲げて、鼻の上でクルッと回転させる

左手の甲の上で、右手親指と人差し指を下に向けて人差し指をクルッと回転させ、両手のひらを向かい合わせて上に上げる

4. おじいさんの

右手親指を曲げて前に出す

5. とけい

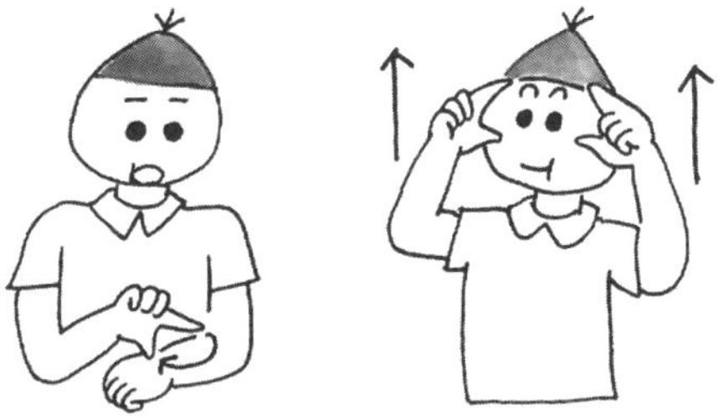

3の右側と同じ動作

6. ひゃくねん

右手人差し指をはね上げる

げんこつにした左手の親指側に右手人差し指をあてる

7. いつも

両手の親指と人差し指を伸ばし、手首をくるくる回転させる

8. うごいていた

右手人差し指を下に向け、左右に振る

9. ごじまんの

両手のひらの親指側を胸にあて、胸を張る

10. とけいさ

5と同じ動作

11. おじいさんの

4と同じ

12. うまれた

腹の前で両手の指先をすぼめ、前に出すと同時にパッと広げる

13. あさに

右手のげんこつを右頬にあて、そのまま下へおろす

14. かってきた

左手のひらを上に向け自分に引き寄せると同時に、右手親指と人差し指で輪をつくり、左手のひらの上から前に出す

15. とけいさ

5と同じ

16. いまは

両手のひらを下に向け、軽く上下に振る

4. 大きな古時計

もう
両手のひらを下に向け、親指側をくっつけてから円を描き、胸の前で両手のひらを上に向ける

17. うごかない
両手を握って、左右から中央に寄せる

18. そのとけい
3と同じ動作

19. ひゃくねん
6と同じ

20. やすまずに
7と同じ

21. チクタクチクタク
8と同じ

22. おじいさんと
4と同じ

23. いっしょに
両手の人差し指を伸ばし、中央に寄せる

24. チクタクチクタク
8と同じ

25. いまはもう
16と同じ

26. うごかない
17と同じ

27. そのとけい
3と同じ動作

2番

28. なんでも
16右と同じ動作

29. しってる
右手のひらを胸にあて、上から下へ降ろす

30. ふるどけい
3と同じ動作

31. おじいさんの
4と同じ

32. とけい
5と同じ

33. きれいな　はなよめ

左手のひらを上に向け、右手のひらを乗せて右側へ2回払う

右手小指を右側で立てる

34. やってきた

右手小指を立てたまま、左手親指のほうへ寄せる

35. その　ひも

右手人差し指を顔の横で小さく左右に振る

36. うごいていた　37. うれしいことも　38. かなしいことも

右に向けた左手のひらに、右手親指の先をつけて上に立てた人差し指をクルッと前に回転させる

8と同じ

両手のひらを胸にあて、上下させる

右手親指と人差し指の先をつけ合わせ、目から涙が流れ落ちる様子を表現する（両手でもよい）

39. みな　しってる

28〜29と同じ動作

40. とけいさ

5と同じ

41. いまは　もう　うごかない
　　そのとけい
　　ひゃくねん　やすまずに
　　チクタクチクタク
　　おじいさんと　いっしょに
　　チクタクチクタク
　　いまは　もう　うごかない
　　そのとけい

16〜27と同じ動作

4. 大きな古時計

3番

42. まよなかに
両手のひらを外に向け、左右から顔の前に寄せてきて、交差させる

43. ベルが
5と同じ

44. なった
耳を指さす

45. おじいさんの
4と同じ

46. とけい
5と同じ

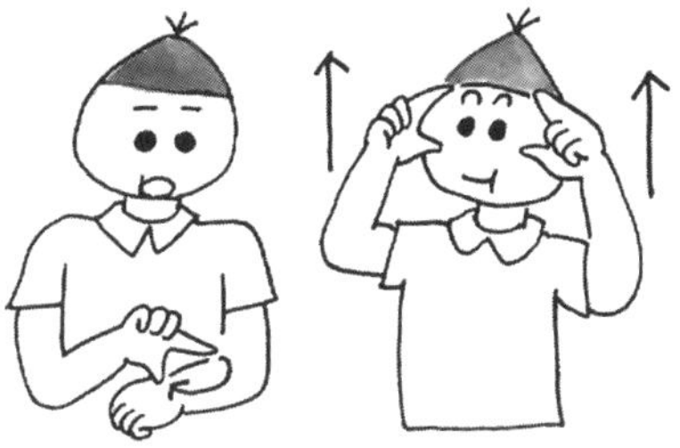

47. おわかれの ときが
両手の甲を合わせてから左右に開く　35下と同じ動作（日、時の意）

48. きたのを
右手人差し指を前から自分に引き寄せる

49. みなに
28と同じ

50. おしえたのさ
右手人差し指を口元あたりから2回、振りおろす

51. てんごくへ
拝むように左手を立て、右手人差し指で上をさす

52. のぼる

左手はそのまま残し、右手人差し指を高く上げる

53. おじいさん

4と同じ

54. とけいとも

5と同じ

55. おわかれ

両手の甲を合わせ、左右に開く（47左と同じ）

56. いまは　もう　うごかない
　　そのとけい
　　ひゃくねん　やすまずに
　　チクタクチクタク
　　おじいさんと　いっしょに
　　チクタクチクタク
　　いまは　もう　うごかない
　　そのとけい

16～27と同じ動作

5. オニはうちでひきうけた

作詞●新沢としひこ　作曲●中川ひろたか　編曲●伊藤嘉子

1.～3. うちに オニが いたら さ

くびに	くさりを	つけちゃーっ	てよ
ぼくが	おさこた	させる	
いっしょに	つに	はいさろう	

どろぼう	なんか が	きき たら か	ささら
いばって	なるつめが	ながい	
オニは			

Words by Shinzawa Toshihiko, Music by Nakagawa Hirotaka
© 1993 by Crayonhouse CULTURE INSTITUTE.

5. オニはうちでひきうけた

番

1. うちに

両手の指先をつけ合わせて三角形をつくり、屋根の形を表す

2. オニが

頭の横に両手人差し指を立てて鬼の角をつくる

3. いたらさ

げんこつにして両腕を小さく上下させる

4. くびに

自分の首を指差す

5. くさりを

両手の親指と人差し指で輪をつなぎ合わせ、位置を少しずらし左右の手の向きを変えてまたつなぐ

6. つけちゃって

右手で自分の首からヒモが出ている動作をする

7. どろぼうなんかが

右手人差し指を鼻の右脇に立て、右から左へ動かし、鼻の頭を軽くこする（悪いの意）

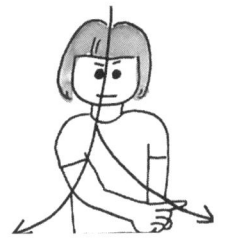

「人」の字を空書する

8. きたらさ

右手の人差し指を立てて、手前に引き寄せる

9. ウォーッてほえて

口の前で右手を握って、勢いよく開きながら前に出す

10. もらおうよ

左手の親指を立て、右手のひらをあてて、2回前に出す

両手のひらを上に向け、手前に引き寄せる

11. オニはうちったら　オニはうち

2と1の動作を繰り返す

12. オニはうちで

2と1の動作

13. ひきうけた

右手を前に出してから、右肩へ引き寄せると同時にげんこつにする

左手のひらに右手のげんこつを打ちつける

14. オニはうちったら　オニはうち　オニはうちで　ひきうけた

11〜13と同じ動作

番

15. うちに　おにが　いたらさ

1〜3と同じ動作

16. ぼくが

自分の顔をさす

17. おさんぽ　させるよ

下に向けた人差し指と中指を、交互に前後させながら前に出し、歩く動作を表す

13と同じ動作

18. いばってるこが

肩を怒らせて両手のげんこつを体の横で力強く振り下ろす

19. きたらさ

8と同じ

20. コラーッていって　もらおうよ　オニはうちったら　オニはうち　オニはうちで　ひきうけた　オニはうちったら　オニはうち　オニはうちで　ひきうけた

9の動作をし、11〜13の動作を2回繰り返す

5. オニはうちでひきうけた

3番

21. うちに
おにが
いたらさ

1～3と同じ動作

22. いっしょに

伸ばした両手の人差し指を左右から寄せて、中央でつけ合わせる

23. こたつに

両手のひらで大きくこたつの形を描く

24. はいろうよ

左腕を体の前に出し、その下へ右手人差し指と中指を伸ばしてくぐらせる

25. オニは

2と同じ

26. つめが　ながいから

両手を前に出し、指を曲げる

両手の親指と人差し指で輪をつくり、指先を合わせてから左右に開いていく

27. みかんをむいて

左手を前に出し、右手で皮をむく動作をする

28. もらおうよ

10と同じ動作

29. オニはうちったら
オニはうち
オニはうちで
ひきうけた
オニはうちったら
オニはうち
オニはうちで
ひきうけた

11～13の動作を2回繰り返す

6. 思い出のアルバム

作詞●増子とし　作曲●本多鉄麿　編曲●木許 隆

Andante

1. いつのことだか おもいだしてごらん あんなこと こんなこと あったでしょう
2. はるのことです おもいだしてごらん
3. なつのことです おもいだしてごらん
4. あきのことです おもいだしてごらん
5. ふゆのことです おもいだしてごらん
6. ふゆのことです おもいだしてごらん
7. いちねんじゅう

たのしいおもいでいっぱい たくさんのうたをおぼえましたね

とんだりはねたり あそんだよ たけうまタンクにかくれんぼ
うみだよおふねだよ うれしいな しかんしゃキリンもみなハメ
こおろぎないてた いいおつき かんたいおもいでなつみ
ゆきだるまスケート そりあそび ころんだほんとにさむかった
もうすぐみんなは いちねんせい ランランラララン

© 1980 by TV ASAHI MUSIC CO.,LTD.

6. 思い出のアルバム

いつのことだか　おもいだしてごらん　あんなこと　こんなこと　あったでしょう
なにもかも　みなつかしい　おもいでばかり　いつまでも　わすれない
ももさんはなしはもうすみましたたいないすいなら　ないまいてして

（歌詞は楽譜の縦書きに従う）

1番

1. いつの ことだか

右手人差し指を上に立て、小さく左右に振る

親指を上に上げ、他の4本の指はそろえて「」の形に上下で向かい合わせる

2. おもいだして

右手のひらを上に向け、前から後ろに向けて動かす

手のひらを下に向け、頭の横からヒラヒラさせながら斜め上に上げていく

3. ごらん

両手のひらを上に向けながら、斜め前に出す

4. あんなこと こんなこと

右手のひらを下に向け、頭の横からヒラヒラさせながら斜め上に上げていく。左手も同じように表現する

5. あったでしょう

右手のひらを前に向け、少し手首を前に倒してから、手のひらを上に向けて小さく前に出す

6. うれしかったこと　7. おもしろかったこと　8. いつに　なっても

両手のひらを胸に向け、上下させる

両手を握って上に向け、腹の前で交互に前後に振る

右手のひらを前に向け、差し出す

胸の前で両手を交差させる

（2番）

9. わすれない　　10. はるの　ことです

頭の横で右手のひらを上に伸ばしてから、下におろしながらげんこつにする

両手で胸のほうへ小さくかきあげる

「」の形に上下で向かい合わせる（1の右側と同じ動作）

**11. おもいだして　ごらん
　　あんなこと　こんなこと　あったでしょう**

2～5と同じ動作

6. 思い出のアルバム

12. ぽかぽか おにわで

10の左側と同じ動作

左手を斜めに立て、右手のひらを下に向けて水平に円を描く

13. なかよく あそんだ

両手を組み合わせる

両手の人差し指を上に立て、左右に振る

14. きれいな はなも

左手のひらを上に向け、右手のひらを乗せて右へ払う

両手首をくっつけて花の形をつくる

15. さいていた

両手首をくっつけたまま両手の指先を曲げてつぼみの形をつくってから、指先を開いていく

3番

16. なつの ことです

右手を握って顔の横で左右に振る（うちわであおぐ表現）

1の右側と同じ動作

17. おもいだして ごらん あんなこと こんなこと あったでしょう

2～5と同じ動作

15. むぎわら

左手親指と人差し指の先をくっつけて円をつくり（他の4本の指は握る）、その真ん中に右手人差し指をあてる

ぼうしで

額に親指側をあてる
（帽子のつばの形）

19. みんな

右手のひらを下に向け、水平に円を描く

20. はだかんぼ

両手の指を広げて胸にあて、斜め上に上げる
（服を脱ぐ表現）

両手のひらを前に向け、左右に振る

21. おふねも　みたよ

両手を湾曲させて小指側をくっつけ、前に出す

右手人差し指と中指を伸ばし、目の前から前に出す

22. すな　やまも

両手のひらを下に向け、指先を親指の先でこすり合わせる
（砂を払い落とす表現）

右手で山を描く

4番

23. あきの　ことです

両手で大きく自分のほうへかき寄せる

1の右側と同じ動作

24. おもいだして
ごらん
あんなこと　こんなこと
あったでしょう

2〜5と同じ動作

25. どんぐり

右手でげんこつをつくり、あごの下で2回、前に出す

40

6. 思い出のアルバム

やまの 
右手で山を描く（22右と同じ動作）

26. ハイキング ラララ 
両手の人差し指を下に向け、交互に前に出す

27. あかい
右手人差し指を下に向けて、体の中央から前に出す
右手人差し指で、下唇を左から右へなぞる

5番

はっぱも 
両手の親指と人差し指をつけ合わせ、右手で楕円を描く

28. とんでいた 
右手親指と人差し指をつけ合わせて上に向け、すばやく左側へ移動させると同時に指先を離す

29. ふゆの ことです 
両手をげんこつにして震え、寒い様子を表現する 
1の右側と同じ動作

30. おもいだして ごらん あんなこと こんなこと あったでしょう
2～5と同じ動作

31. もみのき 
顔の前で両手の人差し指で「×」をつくり、それぞれ斜め下に振り下ろす 
両手の親指と人差し指でⴀの形をつくり、体の中央から斜め上に上げる

32. かざって

両手のひらを目の前に向けて、小さく前後に振りながら左右に広げる

33. メリークリスマス

31の左側と同じ動作

胸の前で両手の指先をすぼめて上に向け、上に上げると同時にパッと開く

34. サンタの おじいさん

31の左側と同じ動作をし、右手親指を曲げて小さく上下に振る

6番

35. わらっていた

顔の両側で、両手の指先を閉じたり開いたりする

36. ふゆの ことです

29の左側と同じ動作

1の右側と同じ動作

37. おもいだして ごらん あんなこと こんなこと あったでしょう

2～5と同じ動作

38. さむい

29の左側と同じ

39. ゆきのひ

両手の親指と人差し指で輪をつくり、顔の横からユラユラさせながら下へおろす

左手のひらを右に向け、右手親指の先を左手のひらの中央にあて、上に立てた右手人差し指を前に倒す

6. 思い出のアルバム

40. あったかい　　**41.** へやで　　**42.** たのしい　はなし

10左と同じ

両手の指先をそろえて腕を前に伸ばし、両手首をクルッと曲げて、両手の指先を向かい合わせる

両手のひらを胸にあて、上下に振る（6と同じ動作）

両手の人差し指を伸ばして向かい合わせ、クルクル円を描く

7番

43. ききました　　**44.** いちねんじゅうを

右手のひらを前に向けて耳にあて、首をかしげる

握った左手を前に向け、その上に右手人差し指をあててから上に円を描く

両手のひらを向かい合わせ、上から下へおろす

45. おもいだして　ごらん
　　あんなこと　こんなこと　あったでしょう

2〜5と同じ動作

46. ももの おはなも

両手首をくっつけて、ふくらんだつぼみの形をつくる

指先を開いて、花の形をつくる

47. きれいに さいて

14と同じ動作

48. もうすぐ

右手親指と人差し指の先を合わせ、親指をピッとはじく

右側で親指と人差し指をあわせ、すばやく左側へ移動させると同時に指先を離す

49. みんなは

19と同じ

50. いちねんせい

右手人差し指を左側に向け、弧線を描いて上に上げる

腹の前でヒモを結ぶ動きを表現

7. 切手のないおくりもの

作詞・作曲●財津和夫　編曲●木許 隆

1番

1. わたし 
右手の人差し指で自分を指差す

2. から 
右手のひらを前に向け、右から左へ軽く振る

3. あなた 
右手の人差し指を出し、相手を指差す

4. へ 
右手を上に向け、前に差し出す

5. この 
右手のひらを下に向け、人差し指を小さく下におろす

6. うたを 
両手の人差し指と中指をそろえて立て、口の横で左右に振る

7. とどけよう 
両手のひらを上に向け、中央から前に出す

8. ひろい 
両手のひらを上に向け指をいっぱい開いて、手前から左右に広げていく

9. せかいに 
胸の前で両手で球をつくり、ぐるっと外側へ回転させる

10. たった ひとりの 
左手のひらを、人差し指を伸ばした右手げんこつで1回打つ
右手の人差し指を胸の前に出してから、「人」の字を空書する

11. わたしの 
1と同じ動作

12. すきな 
右手の親指と人差し指を開いてあごにあて、前に出しながら指先を合わせる

7. 切手のないおくりもの

2番

13. あなたへ
3、4と同じ動作

14. としおいた 
あごの下で、両手の指先を親指から小指へ順に折り曲げていく

15. あなたに
3、4と同じ動作

16. このうたを
5、6と同じ動作

17. とどけよう
7と同じ動作

18. こころ 
右手人差し指で胸に円を描く

19. やさしく 
両手を向かい合わせ、指先を柔らかく上下させながら左右に広げていく

20. そだてて くれた 
左横側で両手のひらを向かい合わせ、交互に上下させながら、上に上げていく

両手のひらをそろえて上に向け、前から自分に引き寄せる

21. おれいがわりに 
右手の小指側で左手の甲を軽くたたいて上に上げる

両手のひらを胸の前で交差させる

3番

22. この うたを  
5、6と同じ動作

23. ゆめの 
右手のひらを上に向け、こめかみのあたりから斜め上へ指先をヒラヒラさせながら出す

24. ない 
前に向けた右手のひらをクルッと回転させる

47

25. あなたへ

3、4と同じ動作

26. この　うたを

5、6と同じ動作

27. とどけよう

7と同じ動作

28. あいすることの

左手の甲を右手のひらで2回なで回す

29. よろこびを

両手のひらを内側に向け、胸の前で上下させる

30. しる

右手のひらで胸をなでおろす

31. まほう

忍者のように、両手の人差し指と中指を出して握り合わせる

じかけの

左手のひらを上に向け、右手人差し指を下に向けてクルクル回転させる

32. この　うたを

5、6と同じ動作

4番

33. しり　あえた

30と同じ動作

両手の人差し指を伸ばし、中央に寄せる

7. 切手のないおくりもの

34. あなたに

3、4と同じ動作

35. この うたを

5、6と同じ動作

36. とどけよう

7と同じ動作

37. こんご よろしく

げんこつを鼻につけ、前に伸ばす

38. おねがいします

げんこつを開いてお辞儀をする

39. めいし

名刺を胸から出すようにする

40. がわりに

両手の人差し指を立てて向かい合わせ、前後にクルッと回転させる

5番

41. この うたを

5、6と同じ動作

42. わかれゆく

両手の甲をつけ合わせてから、ゆっくり左右に離していく

43. あなたに

3、4と同じ動作

49

44. この うたを

5、6と同じ動作

45. とどけよう

7と同じ動作

46. さみしい

両手のひらをすぼめながら下へおろす

ときに

右に向けた左手のひらに右手親指の先をつけ、人差し指を上に立ててクルッと前に回転させる

47. うたって ほしい

6と同じ動作　12と同じ動作

48. とおい

両手の親指と人差し指で輪をつくり、その指先をくっつけてから、右手を前に出す

49. そら

右手のひらで頭の上に大きく円を描く

50. から

2と同じ動作

51. この うたを

5、6と同じ動作

8. ケンカのあとは

作詞●荒木とよひさ　作曲●三木たかし　編曲●木許 隆

Medium Bounce Tempo（やさしく、ほのぼのと）

1. ケンカのあとーは　かなしいな　なみだがいっぱい　こぼれちゃう
2. ケンカのあとーは　さみしいな　なんだかむねが　いたくなる

ほんとはとっても　すきなのに　きらいだなんて　いっちゃって
ごめんなさいが　いえなくて　ひとりぼっちって　さみしいな

ほっぺにチュッ　ケンカのあとーは　ほっぺにチュッ

Fm B♭7 E♭ Cm Fm B♭7
ケン カ のあ とー は ほっ ぺ にチュッ で も ちょ ーっ とは ずか し
E♭ C7 Fm B♭7 E♭ Cm
い
ほっ ぺ にチュッ
ほっ ぺ にチュッ
ほっ ぺ にチュッ
Fm B♭7 E♭ Cm Fm B♭7
おひさま がみてるか ら ほっ ぺ にチュッ おひさま がみてるか ら
タンポポ がみてるか ら ほっ ぺ にチュッ タンポポ がみてるか ら
ほーんとう はすきだか ら ほっ ぺ にチュッ ほーんとう はすきだか ら
E♭ Cm Fm B♭7 to Φ 1. E♭ Cm Fm B♭7
ほっ ぺ にチュッで も ちょ ーっ とは ずか し い
2. E♭ C7 Fm B♭7
い
D.S.
Φ Coda E♭ Cm Fm B♭7 E♭
い

8. ケンカのあとは

1番

1. ケンカの あとは

両手の人差し指を前後に触れ合わせる

右手のひらを前に向けて、肩から前に少し押し出すようにする

2. かなしいな なみだがいっぱいこぼれちゃう

右手の親指と人差し指をくっつけて目の下にあて、揺らしながら下ろす

両手の親指と人差し指をつけて目の下にあて、揺らしながら下ろす

3. ほんとは とっても

右手をあごにあてる

親指と人差し指をつけた右手を、左から弧を描きながら親指を立てる

4. すきなのに

親指と人差し指を開いた右手をのどにあて、閉じながら下におろす

5. きらいだなんて

親指と人差し指を閉じた右手をのどにあて、前に向かってパッと開く

6. いっちゃって

両手の人差し指を口元で向かい合わせ、前後に振る

7. ほっぺにチュ

両頬を両手のひらで2回たたき、親指と人差し指の先をくっつけて両頬をつっつく

8. ケンカのあとは ほっぺにチュ

1と同じ動作
7と同じ動作

9. ケンカのあとは ほっぺにチュ

8の動作を繰り返す

10. でも　ちょっと

右手のひらをかえす

右手の親指と人差し指を
くっつけ親指を弾く

11. はずかしい

右人差し指で唇を左から右へ引いて、手
のひらを頭の上で回す

12. ほっぺにチュ

7と同じ動作

13. おひさまが

両手の親指と人差し指を向か
い合わせて大きな丸をつく
り、前から上に上げる

14. みてるから

左手はそのまま残し、右手の
人差し指と中指の先を自分の
ほうに向ける

15. ほっぺにチュ

7と同じ動作

16. おひさまが　みてるから

13と同じ動作
14と同じ動作

17. ほっぺにチュ

7と同じ動作

18. でも　ちょっと

10と同じ動作

19. はずかしい

11と同じ動作

8. ケンカのあとは

2番

20. ケンカの あとは

1と同じ動作

むねが

頭をやや前に傾けて、右手のひらを左胸にあてる

21. さみしいな

右手のひらを胸にあて、うなだれる

22. なんだか

右人差し指を左右に振る

23. いたくなる

右手を湾曲させ、指先を胸に向けて円を描く

24. ごめんなさいが

右手の親指と人差し指で眉間をつまみ、右手で拝むようにし、頭を下げる

25. いえなくて

「言う」の手話、6の動作をする

26. ひとりぼっちって

10の左側の動作（否定の手話）

右人差し指を胸にあて、前にはね上げる

27. さみしいな

21と同じ動作

28. ほっぺにチュ

7と同じ動作

29. ケンカのあとは ほっぺにチュ

1と同じ動作
7と同じ動作

30. ケンカのあとは ほっぺにチュ

29の動作を繰り返す

31. でも　ちょっと

10と同じ動作

32. はずかしい

11と同じ動作

33. ほっぺにチュ
7と同じ動作

34. タンポポが

両手を合わせて軽く握った指を左右に開く。「花」の手話

35. みてるから

花の形の左手はそのまま残し、右手人差し指と中指の先を自分に向ける

36. ほっぺにチュ
7と同じ動作

37. タンポポが　みてるから
34、35と同じ動作

38. ほっぺにチュ
7と同じ動作

39. でも　ちょっと
10と同じ動作

40. はずかしい
11と同じ動作

41. ほっぺにチュ
7と同じ動作

42. ケンカのあとは　ほっぺにチュ
1と同じ動作
7と同じ動作

43. ケンカのあとは　ほっぺにチュ
42の動作を繰り返す

44. でも　ちょっと
10と同じ動作

45. はずかしい
11と同じ動作

46. ほっぺにチュ
7と同じ動作

47. ほんとうは　すきだから
3左と同じ動作
4と同じ動作

48. ほっぺにチュ
7と同じ動作

49. ほんとうは　すきだから
3左と同じ動作
4と同じ動作

50. ほっぺにチュ
7と同じ動作

51. でも　ちょっと　はずかしい
10と同じ動作
11と同じ動作

9. さようなら

作詞・作曲●倉品正二

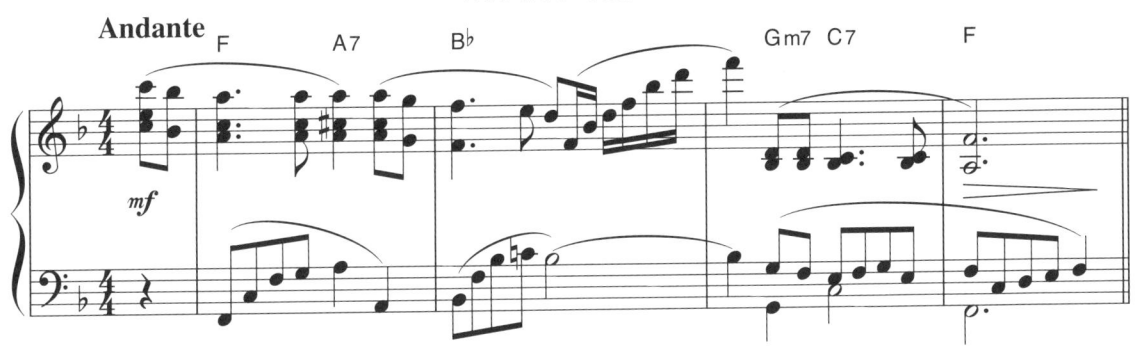

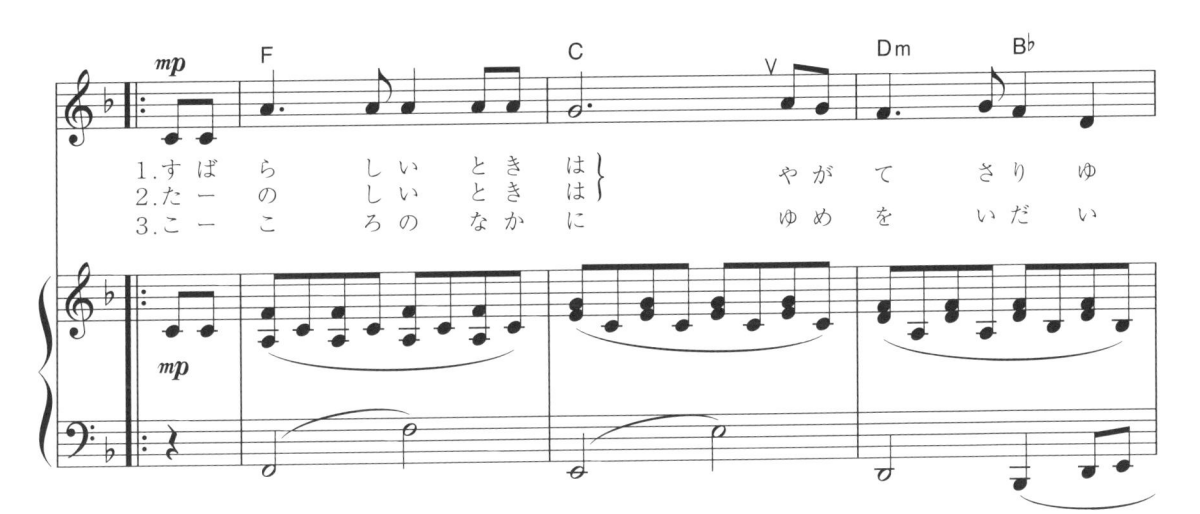

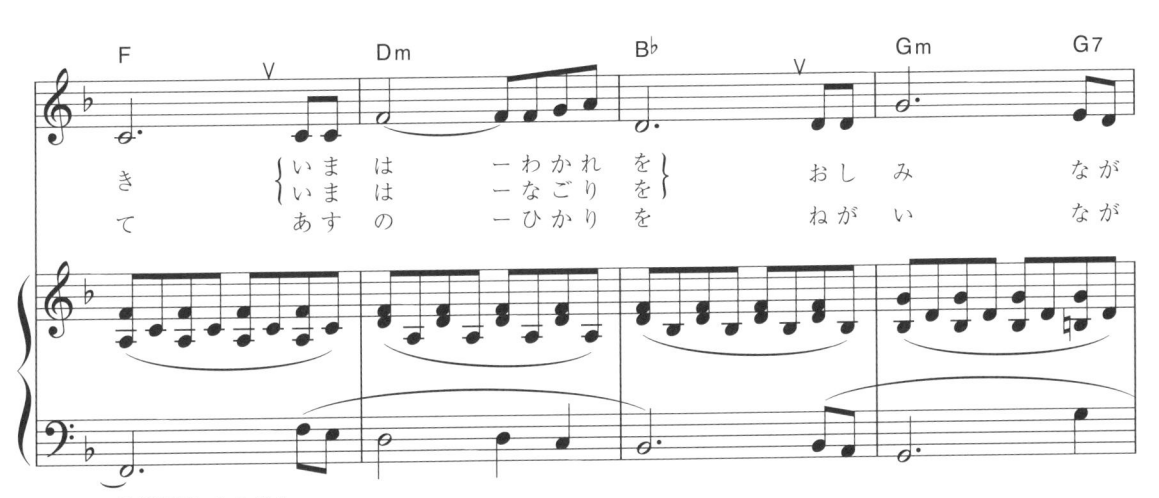

1. すばらしいときはは やがてさりゆ
2. たのしいときはは ゆめをいだい
3. こころのなかに ゆめをいだい

きて いまはは わかれをを おしみ なが
いまま あすの なごりを
あすの ひかりを ねがい なが

C F Am F7
mf
ら ともにーうたーった よ
ら ともにーすごした
ら きょうのーおもいで わ
mf
B♭ G7 C7 F A7
ろ こびを いつま でも いつ
す れずに いつか また いつ
B♭ Gm7 C7 F
mp
ま でも わすれーずに
か また あえる ひまで
mp
Gm7 C7 D♭M7 F
f
p
Ped.
pp

9. さようなら

1番

1. すばらしい
右手げんこつを鼻の前から右上に出す

2. ときは
左手のひらに右の親指をあて、右人差し指を時計回りに回す

3. やがて
右手のひらを外に向け、少し前に出す

4. さりゆき
手のひらを下に向けた左腕の上を、小指側を下にした右手で乗り越える

5. いまは
両手のひらを下に向け、2回軽く押さえる

6. わかれを
両手の甲をつけ合わせ、左右に開いていく

7. おしみ
顔の横で上に向けた左手のひらを、右手のげんこつで小さく繰り返し打つ（「残念」の表情）

8. ながら
右こめかみあたりで右手のひらを下に向け、指先を揺らしながら前に出す

9. ともに
人差し指を伸ばした両手を左右から近づける

10. うたった
両手の人差し指と中指をそろえて出し、口元で左右に振る

11. よろこびを
両手のひらを胸にあて、交互に上下させる

12. いつまでも いつまでも
右手のひらを前に向け、前にどんどん出していく（2回繰り返す）

2番

13. わすれずに

頭の上で右手を開き、下へおろしながら握り、げんこつにする（覚えるの意）

14. たのしい ときは

11と同じ動作 　　2と同じ動作

15. やがて

3と同じ動作

さりゆき

4と同じ動作

16. いまは なごりを

5と同じ動作 　　6と同じ動作

17. おしみ

7の動作

ながら

8と同じ動作

18. ともに すごした

9と同じ動作 　　両手をL字型にして向かい合わせ、円を描くように回す

19. よろこびを

11と同じ動作

9. さようなら

3番

20. いつまでも
いつまでも

12と同じ動作

21. わすれずに

13と同じ動作

22. こころの　なかに

人差し指でみぞおちのあたりに円を描く

指先を右に向けた左手の内側を人差し指でさす

23. ゆめを　いだいて

右手のひらを下に向け、こめかみのあたりから斜め上へ指先をヒラヒラさせながら出す

両手のひらを上に向け目の上に上げ、頭を下げながら両手を顔のほうへ引き寄せる

24. あすの　ひかりを

右手人差し指を上に向けて伸ばし、そのまま前に出す（「明日」の手話）

握った手を頭の斜め上から顔に向けて開く（「光」）

25. ねがいながら

顔の前に右手を出し、拝む動作をする

26. きょうの　おもいで

5と同じ動作

23左と同じ動作

27. わすれずに

13と同じ動作

28. いつか また

顔の横で右手のひらを前に向け、そのまま前に出していく

右手の人差し指と中指を伸ばし（チョキを前に向ける）、クルッと手のひら側を自分に向ける

29. いつか また

繰り返す

30. あえる ひまで

9と同じ動作

2と同じ動作（「日・時」の手話）

左手のひらに右手指先をつける（「……まで」の手話）

10. さんぽ

「となりのトトロ」より

作詞●中川李枝子　作曲●久石 譲　編曲●木許 隆

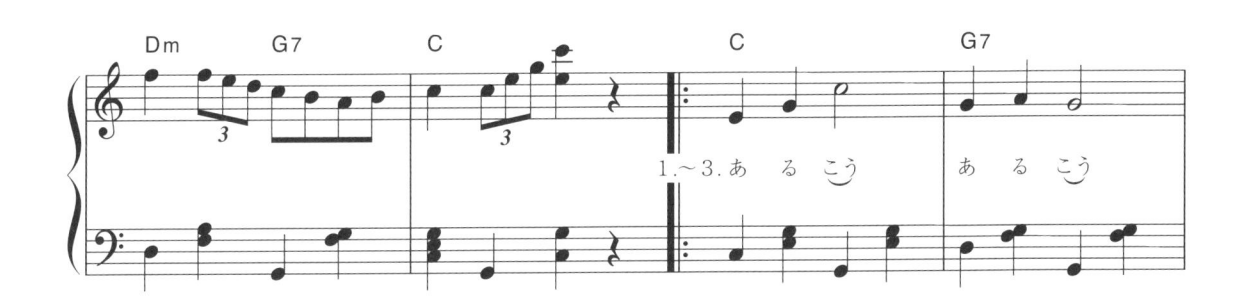

Dm G C Fm C
どんどんいこう
さかみちー トンネルー
みつばちー ぶんぶんー
きつねもー タヌキもー
Dm G7 C Am Em F
くさーっぱらー いっぽんばしにー でこぼ
はなばたけー ひなたにとかげー へびは
でておいでー たんけんしようー はやし
D7 G7 C
こじゃりみち くものすくぐって
ひーるーね バッタがとんーでん
のおくまで ともだちたくさん
Em F G7 to Coda 1. C 2. C
ーくだりみち
ーまがりみち
ーうれしい
D.S.
Coda
C Em F G7
なともだちたくさんーうれしい

10. さんぽ

ワンポイント
いろいろな手話

歩く　　　走る 　　　自動車、運転する

飲む 　　　ごはん、食べる 　　　暑い 　　　寒い

わたしの 　　　「おかあさん」 　　　「おとうさん」 　　　「おともだち」

1番

1. あるこう あるこう

「歩く」の手話もあるが、ここでは元気に歩く様子を表現する

2. わたしは

「私」「自分」は、右手人差し指で自分の胸を指差す

3. げんき

握りしめた両手を胸の前から2回おろす。元気な様子を自由に表現してもいい

4. あるくの

1と同じ動作

5. だいすき

あごの下あたりから、親指と人差し指を閉じながら下におろす。「…をしたい」「好き」の手話

6. どんどん いこう

「どんどん」は1と同じ動作

「行こう」は人差し指を勢いよく斜め前方に出す。「行く」というよりは「レッツ・ゴー」の感じ

7. さかみち

「坂」は、右手を坂の角度で斜め前方に出す。ここは歩きながら表現しよう

8. トンネル

右手で半円を描き、頭をくぐらせる

9. くさっぱら

「草」は、内側に向けた両手のひらを交互に上下させて左右に開く

「原」は右手を水平に回す

10. いっぽん ばしに

下向きに向かい合わせた手を前に出して1本の木を表す

10. さんぽ

11. でこぼこ　じゃりみち　　12. くもの

両手を揺らせて、その上を渡る様子を表現する

軽く丸めた両手を、交互に上下させる

「道」の手話は、向かい合わせた両手をまっすぐ前に出すが、ここでは揺らす

親指を交差させて、指を軽く閉じたり開いたりする

13. す　　14. くぐって　　15. くだりみち

ここでは、交差させた両手を左右に開きながらおろすことで、網目を表現

くもの巣を払う動作

「坂」の手話は、その角度で表現する。下り坂なので、7と逆の動作

2番

16. あるこう　　17. わたしは　げんき　　18. あるくの　だいすき
　　あるこう

1と同じ動作

2、3と同じ動作

1と同じ動作

5と同じ動作

19. どんどん
いこう

6と同じ動作

20. みつばち

身振りで蜂を表現。右手の人差し指を伸ばしてお尻につけ、2回前後させる

21. ぶんぶん

両手を開き上下に震わせて、羽の動きを表現

22. はな

両手を合わせて軽く握った指を左右に開く。ここでは左右2ヶ所で

23. ばたけ

花がいっぱいあるということから、「みんな」の手話で表現

24. ひなたに

「日向」は、太陽が当たっている様子を表現。すぼめた右手を広げながら、上から斜めに下ろす

25. とかげ

「とかげ」の手話はないので、軽く丸めた両手を交互に前に出し、歩く様子を表す

26. へびは

甲を上に握った手を、親指を横に突き出し、左右に揺らせながら前方に出す

27. ひるね

首を少し傾け、握った手を顔の横に当てる。「寝る」の手話

28. バッタが　とんで

「バッタ」の手話はないが、2本指でバッタの頭を表す。自分も飛びながらやろう

29. まがりみち

11の右側と同じ動作。「道」の手話は両手をまっすぐ前に出すが、左右に振りながら出すことで「曲がり道」を表現

10. さんぽ

3番

30. あるこう あるこう
わたしは げんき
あるくの だいすき
どんどん いこう

1〜6と同じ動作

31. きつねも

「狐」は影絵でつくる指の形。両手で行ってもいい

32. タヌキも

「狸」は原鼓の動きで表現。握った両手で交互にお腹をたたく

33. でておいで

両手で「おいでおいで」の動作をする。リズムに合わせて左右で

34. たんけんしよう

「探検」は身振りで表現。草をかき分けて探り、見る様子

35. はやしの

「林」は向かい合わせた両手を、交互に上下させながら外側に開く

36. おくまで

「奥」や「遠い」は、人差し指を前方に出し、指差す

37. ともだち

両手を組み、前後に振る

38. たくさん

両手のひらを自分のほうに向け、揺らしながら左右に開く。「たくさん」の手話は数が多いことを表している

39. うれしいな

両手のひらを胸にあて、上下させる

40. ともだち
たくさん
うれしいな

37〜39の動作を繰り返す

11. 世界中のこどもたちが

作詞●新沢としひこ　作曲●中川ひろたか

1. せかいじゅう のこどもたちが いちどに わらった / ないた / うたった
   そらも わらう / なく / うたう だろう ラララ うみもわらう / なく / うたう だ

Words by Shinzawa Toshihiko, Music by Nakagawa Hirotaka
© 1989 by Crayonhouse CULTURE INSTITUTE.

11. 世界中のこどもたちが

1番

1. せかい

胸の前で両手で球をつくり、クルッと外側へ回転させる

2. じゅうの

右手のひらを下に向け、左から右へ水平に半円を描く

3. こどもたちが

両手のひらを湾曲させて下に向け、真ん中から左右に広げる

4. いちどに

右手の人差し指を上に立てる

5. わらったら

両頬の横で、両手の指先を閉じたり開いたりする

6. そらも

右手を高く上げ、半円を描く

7. わらうだろう　ラララ

5と同じ動作

8. うみも

右手の小指を軽く唇にあてる

左から右側へ小さく波のように揺らしていく

9. わらうだろう

5と同じ動作

10. せかいじゅうの こどもたちが いちどに

1～4と同じ動作

11. 世界中のこどもたちが

11. ないたら

右手の親指と人差し指の先をくっつけて、目から涙が流れ落ちる様子を表現する

12. そらも

6と同じ動作

13. なくだろう　ラララ

11と同じ動作

14. うみも　なくだろう

8と同じ動作
11と同じ動作

15. ひろげよう

両手のひらを上に向けて前に出し、左右に広げていく

16. ぼくらの

両手の親指と小指を出し、胸を2回打つ

17. ゆめを

右手のひらを下に向け、こめかみのあたりから斜め上へ指先をヒラヒラさせながら出す

18. とどけよう

両手のひらを上に向け、中央から前に出す

19. ぼくらの

16と同じ動作

20. こえを

右手の親指と人差し指の先をつけて輪をつくり、口元から小さく山形に前に出す

21. さかせよう

両手首をくっつけて、指を上に向けて開き、花が咲いている形をつくる

22. ぼくらの

16と同じ動作

23. はなを　**24.** せかいに　**25.** にじをかけよう　**3番**　**26.** せかい

21と同じ動作　1と同じ動作　右手の親指と人差し指、中指を伸ばして、大きく半円を描く　1〜4と同じ動作

じゅうの　こどもたちが 　いちどに 　**27.** うたったら　**28.** そらも

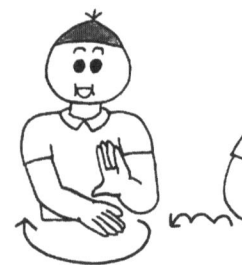

両手の人差し指と中指をそろえて立て、口元で左右に振る　6と同じ動作

29. うたうだろう　ラララ　**30.** うみも　　うたうだろう

27と同じ動作　8と同じ動作　27と同じ動作

12. せんせいとお友だち

作詞●吉岡 治　作曲●越部信義　編曲●木許 隆

1番

1. せんせいと

右人差し指を口元に出し、手首を斜め前に2回振る

2. おともだち

両手を組み、前後に振る

3. せんせいと おともだち

1〜2と同じ動作

4. あくしゅを しよう

両手のひらを斜め上下で向かい合わせ、胸の前で両手を組み合わせる

5. ギュギュギュ

両手を交差させ、それぞれ親指と人差し指の先をつけたり離したりする

両手を組み、リズムに合わせて組み替える（2の表現でもいい）

2番

6. せんせいと おともだち　せんせいと おともだち

1〜2と同じ動作を繰り返す

7. あいさつしよう

両手の人差し指を立てて互いに向き合わせ、第一関節を折り曲げる

4の下と同じ動作

8. おはよう

右手のげんこつを頬にあて、下におろす

顔の真ん中で手のひらを左に向け、お辞儀をする

13. 小さな世界

IT'S A SMALL WORLD
Words and Music by Richard M. Sherman And Robert B. Sherman

作詞●R.M.シャーマン　作曲●R.B.シャーマン　日本語詞●岩谷和子

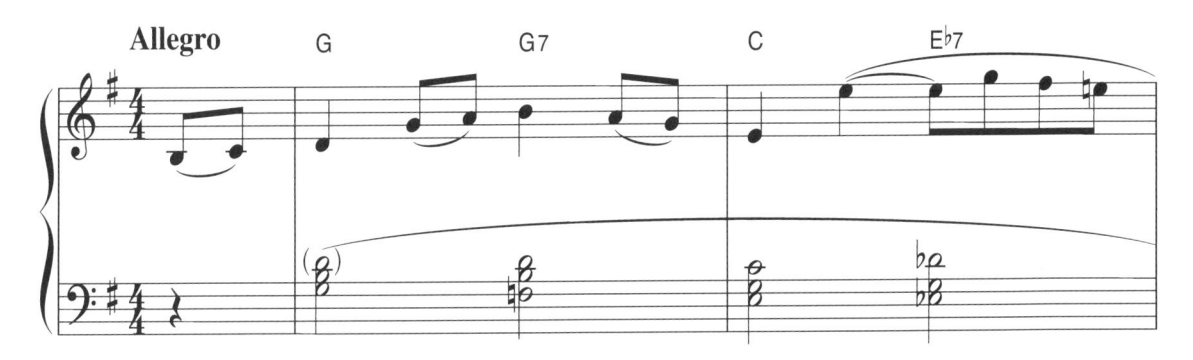

G G7 C Cm D7
なそれぞれた すけあう
なわになりて をつなごう ちい さなせか
はひとりかた りかける
さけびがこだ ますーる
G G7 D7 D7
い せかいは せまい せかいは
（4番のとき）
ラ ララ ラ ラ ラ ラ ラ ララ ラ
G G7 C Cm
1, 2, 3.
D7
おなじ せかいは まるいただ ひと
ララ ラ ラ ララ ラ ラ ラ ラちい
G
4.
D7 G
つ
2.せ か
3.か ぎ
4.せ か
さなせかいー

13. 小さな世界

1番

1. せかい 
胸の前で両手で球をつくり、前方にクルッと回転させる

2. じゅう 
右手のひらを下に向け、左側から右へ大きく半円を描く

3. どこ 
右手のひらを下に向けて少し湾曲させ、軽く下へおろす

4. だあって 
2と同じ動作

5. わらい 
頬に両手の指先をつけ、優しくつまむように開いたり閉じたりする

6. あり 
右手のひらを下に向け、胸の前で軽く下へおろす

7. なみだ 
右手の親指と人差し指の先をくっつけて、目から涙が流れ落ちる様子を表現する

8. あり 
6と同じ動作

9. みんな 
2と同じ動作

10. それぞれ 
右手の人差し指を立て、前方を点々と指差す

11. たすけ 
左手の親指を立て、その後ろに右手のひらをあてて、前方に2回押し出す

12. あう 
親指を立てた左手の甲に、右手のひらをあてる

13. ちいさな

両手の親指と人差し指を伸ばし「⊂⊃」の形をつくり、左右から中央へ寄せる

14. せかい

1と同じ動作

15. せかいは

1と同じ動作

16. せまい

両手のひらを向かい合わせ、徐々に左右から中央へ寄せる

17. せかいは

1と同じ動作

18. おなじ

両手の親指と人差し指を上に向け、2回指先をつけ合わせる

19. せかいは

1と同じ動作

20. まるい

頭の上で両手で円をつくる

2番

21. ただ

左手のひらの上に、右手の人差し指を伸ばしたげんこつで1回打つ

22. ひとつ

右手の人差し指を立てて、前に出す

23. せかいじゅう

1、2と同じ動作

13. 小さな世界

24. だれ

右手の甲側を右頬にあて、小さくこする

25. だあって

2と同じ動作

26. ほほえめば

5と同じ動作

右手のひらを下に向け、胸の前で軽く下へおろす

27. なかよしさ

胸の前で両手を握り、軽く上下に振る

28. みんな

2と同じ動作

29. わになり　てをつなごう

隣の人と手をつなぎ前後に振る

30. ちいさな　せかい

13～14と同じ動作

31. せかいは　せまい

15～16と同じ動作

32. せかいは　おなじ

17〜18と同じ動作

33. せかいは　まるい

19〜20と同じ動作

3番

34. ただ　ひとつ

21〜22と同じ動作

35. かぎりない

胸の前で両手のひらを上に向け、左右に広げる

36. そらと

右手のひらを上に向け、頭の上で左から右へ大きく半円を描く

37. うみ

右手の小指を軽く唇にあてる

左から右側へ小さく波のように揺らしていく

38. ほしかげの

頭の上で、親指と他の4本の指先を、くっつけたり離したりする

39. うつくしさ

左手のひらを上に向け、右手のひらで右へ2回払う

13. 小さな世界

40. それは

右手の人差し指を小さく左右に振る

41. ひとり

右手の人差し指を立て、「人」の字を空書する

42. かたりかける

両手の人差し指を立て、口元で互いに前後に振る

43. ちいさな　せかい

13～22と同じ動作

せかいは　せまい

せかいは　おなじ

せかいは　まるい

ただ　ひとつ

4番

44. せかいじゅう

1、2と同じ動作

45. だれ

24と同じ動作

46. でもが

2と同じ動作

47. じゆうを

両手を握り、胸の前で交互に上下させる

48. もとめる

左手のひらに右手の甲を乗せ、前に出す（「ちょうだい」の動作）

49. その

40と同じ動作

50. さけびが

口の前で両手を握って、勢いよく指を開きながら前に出す

51. こだまする

右手の指先を右耳に近づける

次に左手の指先を左耳に近づける

52. ちいさな　せかい
　　　せかいは　せまい
　　　せかいは　おなじ
　　　せかいは　まるい
　　　ただ　ひとつ

13～22と同じ動作

14. 手のひらを太陽に

作詞●やなせたかし　作曲●いずみたく　編曲●木許 隆

ぼくらはみんな　いきている　いき ているから　うたうんだ／わらうんだ

ぼくらはみんな　いきている　いき ているから　かなしいんだ／うれしいんだ

© 1965 by ALL STAFF MUSIC CO.,LTD.

てのひらを たいように すかしてみれ ば
まっかに ながれる ぼくのちしお ─ みみず
とんぼ
だって おけらだっ て あめんぼだっ て
だって かえるだっ て みつばちだっ て
みんなみんな いきているんだ ともだちなん だ

14. 手のひらを太陽に

1番

1. ぼくらは 
両手の親指と小指を立て、親指で胸を2回打つ

2. みんな 
右手のひらを下に向け、左側から水平に半円を描く

3. いきている いきているから 
握り締めた両手を、ひじを張って胸の前で上下させる

4. うたうんだ 
両手の人差し指と中指をそろえて立て、口元で左右に振る

5. ぼくらは みんな いきている いきているから
1～3と同じ動作

6. かなしいんだ 
右手の親指と人差し指をくっつけて目の下にあて、揺らしながら下ろす

7. てのひらを 
両手のひらを前に向け、左右に振る

8. たいように 
両手の親指と人差し指で円をつくり、下から前に弧を描きながら頭の上に上げる

9. すかしてみれば 
両手でバンザイをし、左右に振る

10. まっかに 
右人差し指で、下唇を左から右へなぞる

11. ながれる 
右手の甲を下に向け、左から右下へ動かす

12. ぼくの ちしお 
両手をげんこつにし、肩の横で上下に振る

13. みみずだって

右手の人差し指を屈伸させながら前に出す

14. おけらだって

胸の横で、両手の指先を曲げたり伸ばしたりする

15. あめんぼだって

右手2指の指先を交互に上下させながら、右へ動かす

右人差し指を屈伸させながら、前に出す

16. みんなみんな いきているんだ

2と同じ動作をし、次に右から左へ円を描く

3と同じ動作

17. ともだちなんだ

両手を組み、前後に振る

2番

18. ぼくらは みんな いきている いきているから

1～3と同じ動作

19. わらうんだ

頬の横で、両手の指先を閉じたり開いたりする

14. 手のひらを太陽に

20. ぼくらは
みんな
いきている
いきているから

1〜3と同じ動作

21. うれしいんだ

両手のひらを胸に向け、上下させる

22. てのひらを たいように
すかしてみれば

7〜9と同じ動作

23. まっかに ながれる ぼくのちしお

10〜12と同じ動作

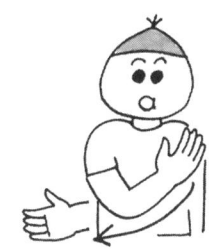

24. とんぼだって

両手の人差し指と中指をそろえて伸ばし、両腕を交差させて、それぞれ指先を上下に振る

25. かえるだって

ひじを張り、下に向けた両手のひらの指先を向かい合わせ、上下させる

26. みつばちだって

身振りで蜂を表現。右手の人差し指を伸ばしてお尻につけ、2回前後させる

27. みんなみんな
いきているんだ
ともだちなんだ

16〜17と同じ動作

15. ともだちになるために

作詞●新沢としひこ　作曲●中川ひろたか　編曲●伊藤嘉子

Words by Shinzawa Toshihiko, Music by Nakagawa Hirotaka
© 1989 by Crayonhouse CULTURE INSTITUTE.

15. ともだちになるために

1番

1. ともだちに 
両手を組み、前後に振る

2. なる 
両手を開いた状態から、胸の前で交差させる

3. ために 
左手を握り、右手の人差し指で左手親指を軽く2回打つ

4. ひとは 
右手人差し指で「人」の字を空書する

5. であうんだよ 
両手の人差し指を立て、げんこつを軽く打ち合わせる

6. どこのどんな 
両手の親指と小指を立て、手首をひねりながら左右に広げる

7. ひととも 
右手のひらを下に向け、左から右へ水平に半円を描く

8. きっと 
右手の小指と左手の小指をからませ、前に出す

9. わかり 
右手のひらで胸をなでおろす

10. あえるさ 
両手を胸の前で交差させ、親指と人差し指を上に向けて打ち合わせる

11. ともだちに なるために ひとは であうんだよ
1～5と同じ動作

12. おなじような 
両手のひらを上に向け、親指と人差し指の指先を2回くっつける

15. ともだちになるために

13. やさしさ

両手を向かい合わせ、指先を柔らかく上下させながら左右に広げていく

14. もとめあって

左手のひらの上に、右手の甲を乗せ、前に出す

15. いるのさ

10と同じ動作

16. いままで

右手のひらを立てて後ろに向け、顔の横から後方へ引いていく（過去の手話）

17. であった

5と同じ動作

18. たくさんの

両手を、親指から順に指を折りながら、左右に広げていく

**19. きみときみと
きみときみと
きみときみと
きみと**

右手人差し指を出し、友だちや周りの人を指差す

20. これから

右手のひらを前に向け、顔の横から前に押し出す。16と反対の動作（未来の手話）

21. であう

17と同じ動作

22. たくさんの

18と同じ動作

**23. きみときみと
きみときみと**

19と同じ動作

24. ともだち

1と同じ動作

2番

25. ともだちに なるために
ひとは であうんだよ

1〜5と同じ動作

26. ひとり 
右手の人差し指を出す

27. さみしい 
両手を胸の前で交差させる

28. ことが 
首をうなだれる

29. だれにでも 
右手の甲側を右頬にあて、小さくこする

30. ある 
腕を伸ばし、右手のひらを上に向ける

※7と同じ動作

31. から 
右手の指先を肩のほうへ引き上げる

32. ともだちに
なるために
ひとは
であうんだよ

1〜5と同じ動作

15. ともだちになるために

33. だれ　かを

29と同じ動作

左手の親指を立てる

34. きずつけても

右手の親指と人差し指で輪をつくり、左手の親指の頭を打つ

35. しあわせには

右手のひらで、あごを2回なでおろす

36. ならない

手のひらを前に向け、クルッと回転させる

37. いままで
であった
たくさんの

16～18と同じ動作

38. きみときみと
きみときみと
きみときみと
きみと

19と同じ動作

39. これから

20～22と同じ動作

であう　たくさんの

40. きみときみと
きみときみと

19と同じ動作

ともだち

1と同じ動作

16. どんな色がすき

作詞・作曲●坂田 修　編曲●伊藤嘉子

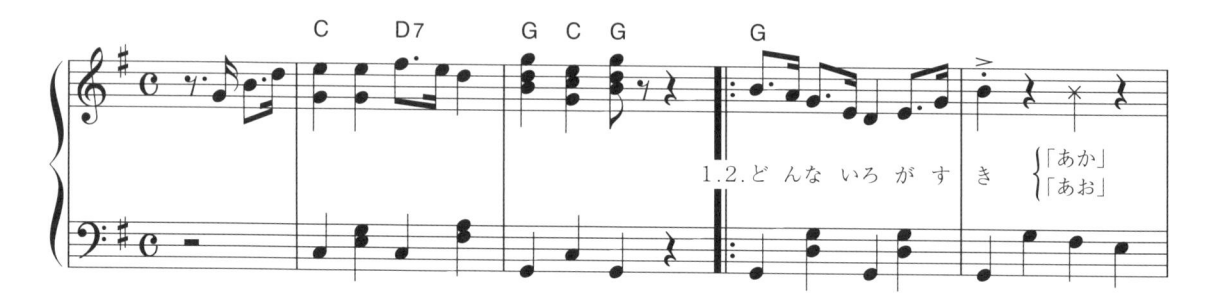

1.2.どんな いろ が すき 「あか」「あお」

あかい いろ が すき / あおい いろ が すき　いちばんさきに なくなるよ

あかい クレヨーン / あおい クレヨーン

どんな いろ が すき 「きいろ」「みどり」

© 1992 by Japan Broadcast Publishing Co.,Ltd. & VICTOR MUSIC PUBLISIHNG & Tanabe Agency Co., Ltd.

16. どんな色がすき

きいろ いいろがすき / みどり いろーがすき
いちばんさきに なくなるよ
きいろいクレヨン / みどりのクレヨン
いろ いろ いろ いろ
いろんないろがあるーー
いろ いろ いろ いろ
いろんないろがある
どんないろがすき 「ぜんぶ」
ぜんぶのいろがすき
みんないっしょに なくなるよ
ぜんぶのクレヨン
ぜんぶのクレヨン

1番

1. どんな いろが

右手の人差し指を立て、小さく左右に振る

2. すき

すぼめた両手を合わせて、ひねる

あごの下へ、親指と人差し指を広げて右手をあて、指先を閉じながら下へおろす

右手のひらを上に向ける

3. あか

右人差し指で、下唇を左から右へなぞる

4. あかい いろが すき

3と同じ動作

2左側の動作

5. いちばんさきに

右手の人差し指を立てる

なくなるよ

両手のひらを上に向け、指先を閉じながら下へおろす

6. あかい

3と同じ動作

7. クレヨン

右手の親指と人差し指をくっつけて、絵や字を書く動作を自由に表現する

2番

8. どんないろが すき

1〜2と同じ動作

9. あお

右手のひらを頬に軽くあて、後ろに引く

10. あおい　いろが　すき

9の動作

2左側と同じ動作

11. いちばんさきに なくなるよ

5と同じ動作

12. あおい クレヨン

9、7と同じ動作

13. どんないろが すき

1〜2と同じ動作

14. きいろ

右手親指と人差し指を伸ばし、親指を額にあてて、人差し指を時計方向に振る

15. きいろい　いろが すき

14、2左側と同じ動作

16. いちばんさきに なくなるよ

5と同じ動作

17. きいろい クレヨン

14、7と同じ動作

18. どんないろが すき

1〜2と同じ動作

19. みどり

左手のひらを下に向け、右手の甲を前に向けて指先をヒラヒラさせながら左から右へ動かしていく

20. みどりいろが　すき　　**21.** いちばんさきに　なくなるよ　　**22.** みどりの

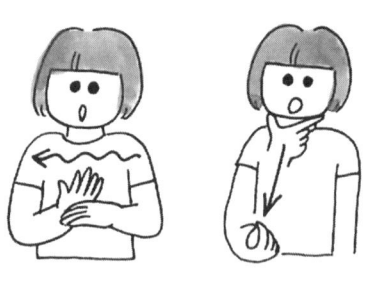

19、2 左側と同じ動作　　　　　　5 と同じ動作　　　　　　　　　　　　19 と同じ動作

クレヨン　　　　　　　**23.** いろいろ　　　　いろいろ　　　　　いろんないろがある

7 と同じ動作　　　　　親指と人差し指を立てた　　2 回目は反対方向への動　　両手の手首をひねりなが
　　　　　　　　　　　右手を、ひねりながら右　　作で表現　　　　　　　　ら左右に広げていく
　　　　　　　　　　　へ動かす

24. いろいろ
　　　いろいろ　　　　　　**26.** ぜんぶ　　　　**27.** ぜんぶのいろが　すき
　　　いろんないろがある

23 を繰り返す

25. どんないろが
　　　すき　　　　　　　　両手指先を伸ばして、　　26、2 左側と同じ動作
　　　　　　　　　　　　　包むように円を描く
1〜2 と同じ動作

16. どんな色がすき

28. みんないっしょに なくなるよ

26と同じ動作

両手の人差し指を上に向け、左右から寄せて中央でつけ合わせる

5下と同じ動作

29. ぜんぶの クレヨン
　　ぜんぶの クレヨン

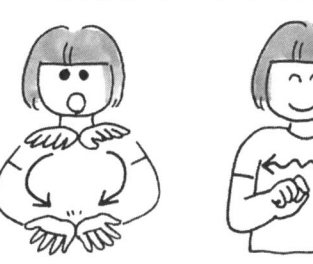

26、7の動作を2回繰り返す

ワンポイント ●
いろいろな手話

「おはよう」

右手をげんこつにして右頬にあて、下におろす（枕をはずす動作から、起きるという意味）。体の中央で右手のひらを左に向けて、頭を下げる

「こんにちは」

「おはよう」の右の動作だけで「こんにちは」のあいさつになる

「ありがとう」

左手のひらの指先を右に向け、右手の小指側を左手に軽く打ちつけ、上にあげ、おじぎをする

「さようなら」

右手のひらを前に向け、顔の横で左右に振る

17. にじ

作詞●新沢としひこ　作曲●中川ひろたか

やさしい気持ちで

1. にわの シャベルが ー　いちに ちぬれて ー　あめが あがって ー
2. せんた くものが ー　いちに ちぬれて ー　かぜに ふかれて ー
3. あのこの えんそくー　いちに ちのびて ー　なみだ かわいて ー

くしゃみ をひとつー　くもが ながれて ー　ひかり がさして ー

Words by Shinzawa Toshihiko, Music by Nakagawa Hirotaka
© 1991 by Crayonhouse CULTURE INSTITUTE.

17. にじ

みあげてみればー ラララ にじが にじがー
そらに かかってー きみの きみのー きぶん もはれてー
きっと あしたはー いい てんきー きーっと あしたは
い いてんき

1番

1. にわの

両手の指先を斜めに合わせ、屋根の形をつくる

左手はそのままにして、右手のひらを下に向けて円を描く

2. シャベルが

1の左手はそのままにして、右手を握ってシャベルで土を掘る様子を表現

3. いちにち

右手人差し指を立てて左胸にあて、弧を描いて右胸にあてる

4. ぬれて

肩のあたりから、両手の指先を開いたり閉じたりしながら下へおろす

5. あめが

両手のひらを下に向け、肩のあたりで上下に振る

6. あがって

両手のひらを下に向け、サッと上に上げると同時に、げんこつにする

7. くしゃみを

両手のひらを鼻にあてて、くしゃみをする様子を表現

8. ひとつ

右手の人差し指を立てる

9. くもがながれて

両手のひらを前に向け、右上から左上へゆっくり移動させる

10. ひかりがさして

9の左手を残したまま、右手を握って、頭の上からパッと指先を開く

11. みあげてみれば

右手の人差し指と中指を伸ばし、下から上に上げると同時に頭も上げる

17. にじ

12. ラララ にじが にじが

右手のひらを自分に向け、親指を上に、人差し指と中指を左に向けて、大きく半円を描く

13. そらに かかって

12の動作の右手はそのままで、左手のひらを前に向けて、右から左斜め上に半円を描く

14. きみの きみの

前にいる人たちに向かって指差していく

15. きぶんも

右手のひらを自分に向け、胸の前で上下に手首を振る

16. はれて

両手のひらを前に向け、中央から斜め上に広げていく

17. きっと

両手の小指どうしをからませて軽く振る

18. あしたは

右手人差し指を上に立て、顔の横から前に出す

19. いいてんき

16と同じ動作

20. きっと あしたは

17、18を繰り返す

21. いいてんき

16と同じ動作

2番

22. せんたくものが

両手をげんこつにしてこすり合わせる

両手の親指を上に立てて、肩のあたりから下へおろす

23. いちにち

3と同じ動作

24. ぬれて

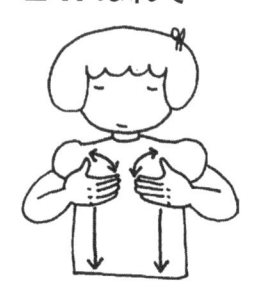

4と同じ動作

25. かぜに ふかれて

両手をそろえて、右側から左斜め下へ振りおろす

26. くしゃみを ひとつ　くもが ながれて　ひかりが さして

7〜21と同じ動作

みあげてみれば 　　ラララ にじがにじが　　そらに かかって　　きみの きみの

17. にじ

きぶんも　はれて　　　　きっと　あしたは　いいてんき
　　　　　　　　　　　　きっと　あしたは　いいてんき

3番

27. あのこの

14と同じ動作

28. えんそく

胸の前で両手のひらを向かい合わせ、小さく前後させながら前に出していく

29. いちにち

3と同じ動作

30. のびて

両手の親指と人差し指の先をつけて、右横から山を描きながら左横に移動させる

31. なみだ

両手で涙を流す様子を表現する

32. かわいて

左手のひらを上に向け、その上に右手のひらを小指側からトンと乗せる

33. くしゃみを　ひとつ
くもが　ながれて
ひかりが　さして
みあげてみれば
ラララ　にじがにじが
そらに　かかって
きみの　きみの
きぶんも　はれて
きっと　あしたは　いいてんき
きっと　あしたは　いいてんき

7～21と同じ動作

18. にんげんっていいな

作詞●山口あかり　作曲●小林亜星　編曲●伊藤嘉子

♩=120

1. くまのこみていた　かくれんぼ　おしりをだしたこ　びりっこ　いっとうしょう
2. もぐらがみていた　うんどうかい　びりっこげんきだ　いっとうしょう

ゆうやけこやけで　またあした　またあした

いいな　いいな　にんげんって　いいな

© 1984 by Ai Music Inc.

18. にんげんっていいな

おいしいおやつに　ほかほかごはん　こどものかえりを
みんなでなかよく　ポチャポチャおふろ　あったかいふとんで
まってるだろなな
ねむるんだろなな
ぼくもかえろ　おうちへかえろ
でん でん でんぐりかえって バイ バイ バイ

バイ バイ バイ

バイ バイ バイ

1番

1. くまのこ 
親指と人差し指で、のどのあたりに三日月の形をつくる

2. みていた 
片手を筒状にし、目にあてる

3. かくれんぼ 
両手で目を隠す

4. おしりを 
両手でお尻を2回打つ

5. だしたこ 
後ろを向きながら、お尻を突き出す

6. いっとうしょう 
前に向いて、右手人差し指を立てる

7. ゆうやけこやけで 
右人差し指で、下唇を左から右へなぞる

左手を山に見立て、右手で丸をつくって下げ、日が落ちる様子を表現

8. またあした 
右手の人差し指と中指を立てて回し、右手人差し指を立て、右耳の横から前に出す

9. またあした
8と同じ動作

10. いいな いいな 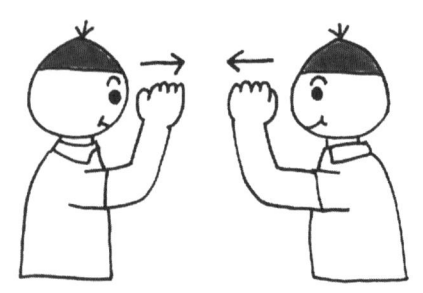
右手をげんこつにして、鼻の前から前に出す。2回目は左手で。右手の時は右側を向く

18. にんげんっていいな

11. にんげんって　いいな

右手の人差し指で「人」の字を空書する

10と同じ動作

12. おいしい

右手のひらをあごの下にあて、右に引く

13. おやつに

右手親指と人差し指で、物をつまむ形をつくり、口に運ぶ

14. ほかほか

左手のひらを上に向けてお茶碗を持つ形をつくり、右手で湯気が昇る様子を表現

15. ごはん

右手の人差し指と中指を伸ばし、食べる動作をする

16. こどもの

両手のひらを下に向け、中央から小さく円を描くように左右に広げる

17. かえりを

右手のひらを開き、前に出しながら指先をすぼめる

18. まってる

右手の甲をあごの下にあてる

19. だろな

右手人差し指をこめかみのあたりにあて、頭を少し右に傾ける

20. ぼくも

両手の親指と小指を立て指先で胸を、2回つく

21. かえろう

17と同じ動作

22. おうちへ
両手の指先を斜めに合わせ、屋根の形をつくる

23. かえろ
17と同じ動作(ここでは前の動作の左手を残す)

24. でんでん
左手のひらを上に向け、右手人差し指と中指の指先で2回打つ

25. でんぐりかえって
右手の人差し指と中指を伸ばし、その指をクルッとひっくり返して手のひらを上に向ける

2番

26. バイバイバイ
バイバイをする。両手で表現してもよい

27. もぐらが
両手を顔の横にあて、指先を小さく動かす

28. みていた
2と同じ動作

29. うんどうかい
両手をげんこつにして振り、走る動作をする

30. びりっこ
4と同じ動作

31. げんきだ
両手でげんこつをつくり、胸のあたりから力強く2回振り下ろす

32. いっとうしょう
6と同じ動作

18. にんげんっていいな

33. ゆうやけこやけで

7と同じ動作

34. またあした　またあした

8、9と同じ動作

35. いいな　いいな

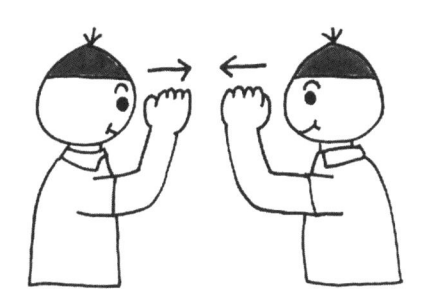

10と同じ動作

36. にんげんって　いいな

11と同じ動作

37. みんなで

右手のひらを下に向け、左側から右へ大きく半円を描く

38. なかよく

両手で握手をする

39. ポチャポチャ　おふろ

両手を湾曲させ、胸の前で下から上にかき上げる

右手をげんこつにして、体を洗うように胸のあたりをこする

40. あったかい

39左と同じ動作

113

41. ふとんで

両手でふとんを首まで
かける動作

42. ねむるん

両手を合わせ右頬にあ
て、頭を右に傾ける

43. だろな

19と同じ動作

44. ぼくも かえろう

20、21と同じ動作

45. おうちへ かえろう

22、23と同じ動作

46. でんでん　でんぐりかえって　バイバイバイ

24～26と同じ動作

19. 野に咲く花のように

作詞●杉山政美　作曲●小林亜星　編曲●木許 隆

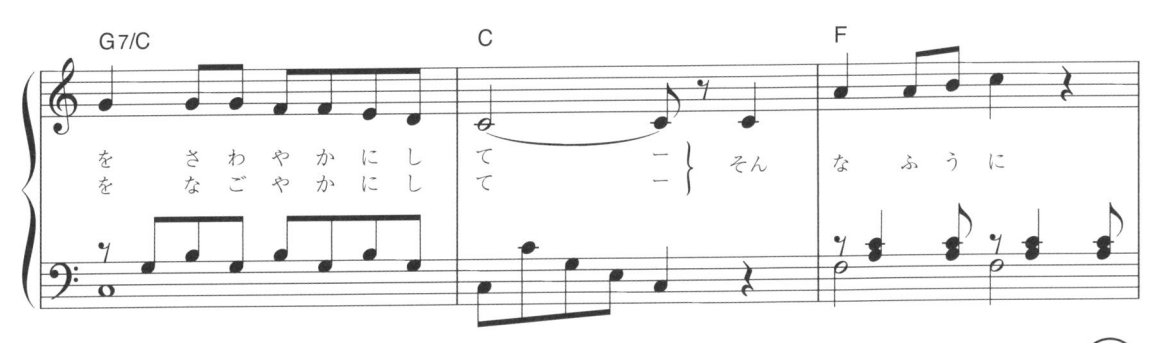

Em D7 G7
ぼくたちも　いきてゆけたら　すばらしい
C Em F C Am Dm
ときには{くらい　じんせいも　トン　ネルぬければー
　　　　{つらい　じんせいも　あめ　のちくもりでー
G7 C Em F C
なつのうみ　そんなときこ　そ　ののはなの　けな
またはれる
Am Dm G7 C G7 C
げなこころをー　しるのです 2.のに　しるのです
1.
2.

19. 野に咲く花のように

1番

1. のに さく

両手のひらを自分に向けて指先を広げ、交互に上下させながら左右に広げていく

左手はそのままにし、右手のひらを下に向け、左から右へ半円を描く

2. はなの ように

両手首をくっつけて花の形をつくる

両手首を上に向け、親指と人差し指の先をつけたり離したりする

3. かぜにふかれて

両手のひらを前に向け、右斜め上から左斜め下へ振りおろす

4. のに さく はなの ように

1～2と同じ動作

5. ひとを

右人差し指で「人」の字を空書する

6. さわやかにして

右手のひらを胸にあてて軽く上下に振る

両手のひらを上にそろえて出し、手前に引き寄せる

7. そんな ふうに　**8. ぼくたちも**　**9. いきて ゆけたら**

6と同じ動作

両手の親指と小指を伸ばし、胸に軽く打ちつける

両手をげんこつにしてひじを張り、力強く左右に振る

左手の甲の上を、右手のひらで2回打つ（この動作は省略してもよい）

10. すばらしい　**11. ときには**　**12. くらい**　**13. じんせいも**

右手をげんこつにし、鼻の前から前方に出す

左手のひらを右に向け、右手の親指と人差し指を伸ばし、親指の先を左手のひらにあて、人差し指を上からクルッと前に回転させる

左右で両手のひらを前に向け、顔の前へ寄せてきて交差させる

右手の親指と人差し指を伸ばし、胸にあてて円を描く

14. トンネルぬければ　**15. なつの**　**16. うみ**　**17. そんな**

左手のひらを下に向けて、右から山を描き、その下を右手をくぐらせる

右手でうちわを持ち、顔をあおぐ表現をする

右手小指の先を下唇にあて、手のひらを下に向けて、左から右へ波を描いていく

12、13と同じ動作

19. 野に咲く花のように

ときこそ　　18. のの　はなの　　　　　19. けなげな　こころを

1の左と同じ動作 　　2左と同じ動作　　　左手のひらを上に向　　右手人差し指の先を
　　　　　　　　　　　　　　　　　　　け、右手のひらを乗　　胸にあて、小さく円
　　　　　　　　　　　　　　　　　　　せて右へ2回払う　　　を描く

2番

20. しるのです　　　　　　　　　　　　21. のに　さく

右手のひらを胸に向け上から下へおろし、手　　1と同じ動作
のひらを前に向け、前に出していく

22. はなの　ように　　　23. あめに　　　　24. うたれて

2と同じ動作　　　　　　両手のひらを下に向け、左　　両手のひらを向かい合わ
　　　　　　　　　　　　右でそれぞれ上下させる　　　せ、指先をつけたり離した
　　　　　　　　　　　　　　　　　　　　　　　　　　りしながら、下へおろす

119

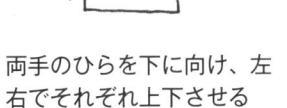

25. のに さく

1と同じ動作

26. はなの ように

2と同じ動作

27. ひとを

5と同じ動作

28. なごやかにして

6と同じ動作

29. そんな ふうに

6と同じ動作

30. ぼくたちも

8と同じ動作

31. いきて ゆけたら

9と同じ動作

32. すばらしい

10と同じ動作

19. 野に咲く花のように

33. ときには

11と同じ動作

34. つらい

顔を伏せ、両手の指先を上に向け、下におろすと同時に指先を閉じる

35. じんせいも

13と同じ動作

36. あめ

23と同じ動作

37. のち

右手のひらを前に向け、顔の横から少し前に出す

38. くもりで

両手の指を曲げ、手のひらを向かい合わせて、左からクルクルかき回しながら右へ動かす

39. また

右手人差し指と中指を上に立て、手首をクルッと回して手のひら側を自分に向ける

40. はれる

両手のひらを前に向けて顔の前で交差させ、左右に広げて顔を出す

41. そんなときこそ

34と同じ動作
13と同じ動作

42. のの　はなの

18と同じ動作

43. けなげな　こころを

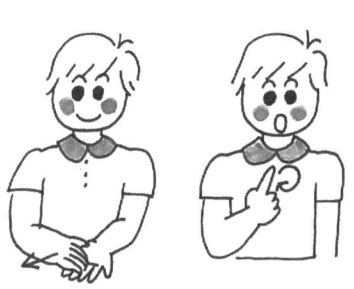

19と同じ動作

44. しるのです

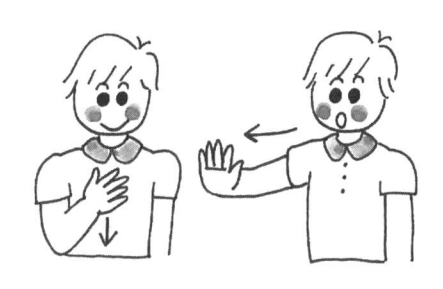

20と同じ動作

20. 花さき山

作詞・作曲●瀬戸口清文　編曲●木許 隆

20. 花さき山

1番

1. やさしいこと 
両手を向かい合わせ、指先を柔らかく上下させながら左右に広げる

2. ひとつ 
右手の人差し指を立て、前に出す

3. すると 
両手をげんこつにして前に出す

4. やまに 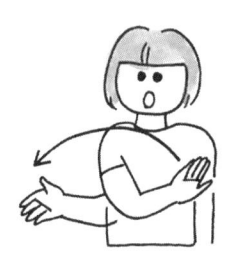
右手で山の形を描く

5. ひとつ 
2と同じ動作

6. はなが さく 
両手首をくっつけ指先を開き、つぼみから花が咲く形をつくる

7. それは それは 
右手の人差し指を立て、前方を点々と指差す

8. ふしぎな ふしぎな 
右手の人差し指をあごにつけたまま、手首を小さくねじる

9. はなだよ 
6と同じ動作

10. はなさきやまを 
6と同じ「花」の表現を、左から右へ山の形を描くように移動させていく

11. つくろう 
両手をげんこつにして打ちつける

12. みんなの 
右手のひらを下に向け、左側から右へ半円を描く

13. ちからで

げんこつにした両手を上下させる

14. はなさきやまを つくろう

10と同じ動作

11と同じ動作

15. みんなの

12と同じ動作

みんなの

左手のひらを下に向け、右から左へ半円を描く

16. やさしさで

1と同じ動作

ワンポイント
●●●●●●●●●●●●●●●●●●●●●●
いろいろな手話

春　　　夏 　　　秋 　　　冬

21.Believe

作詞・作曲●杉本竜一

Moderato (♩=92〜100)

poco rit.

A *a tempo*

1. たとえばきみがー　きずついて　　　くじけそう　に　なっ　たときは
2. もしもだれかがき　みのそばで　　　なきだしそう　に　なっ　たときは

かならずぼくが　そばにいて　さ　さ　えてあげるよ　そのかたを
だまーってうでを　とりながら　　　いっしょにあるいて　くれるよね

© Sound Project K.K.

B
Dm mf
B♭
C
Fsus4
F
せかいじゅうの きぼうの せて
せかいじゅうの やさしさーで
mf
simile
D7
Gm
Gm7/C
C7
このちきゅうは まわーってる い
このちきゅうを つつみたい い
C
F
f
Dm
to
まーみらいのー ーとびらを ーあける とき
まーすなおなー ーきもちに ーなれる なら
f
Gm
C7sus4
C7
かなしみーや くるしみーが い
あこがれーや いとしさーが お

21.Believe

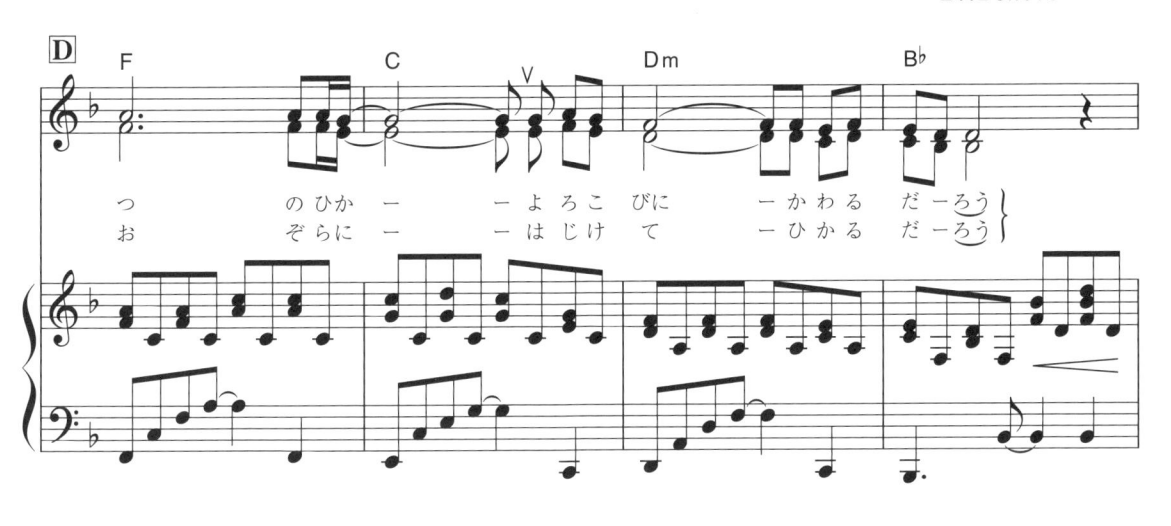

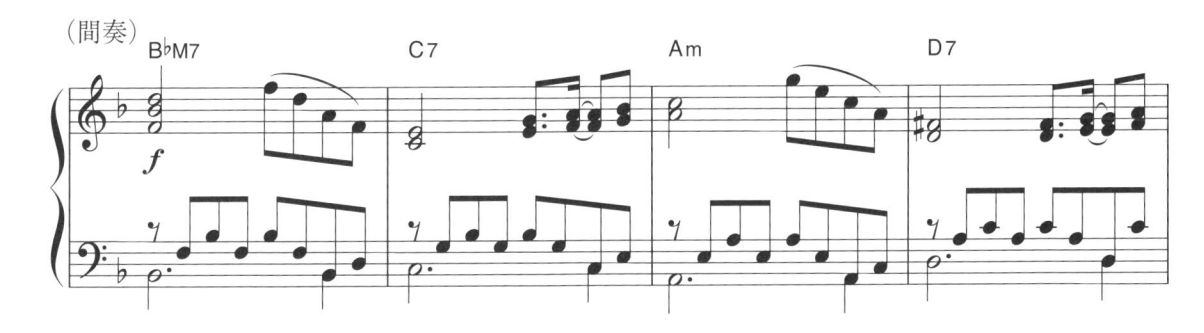

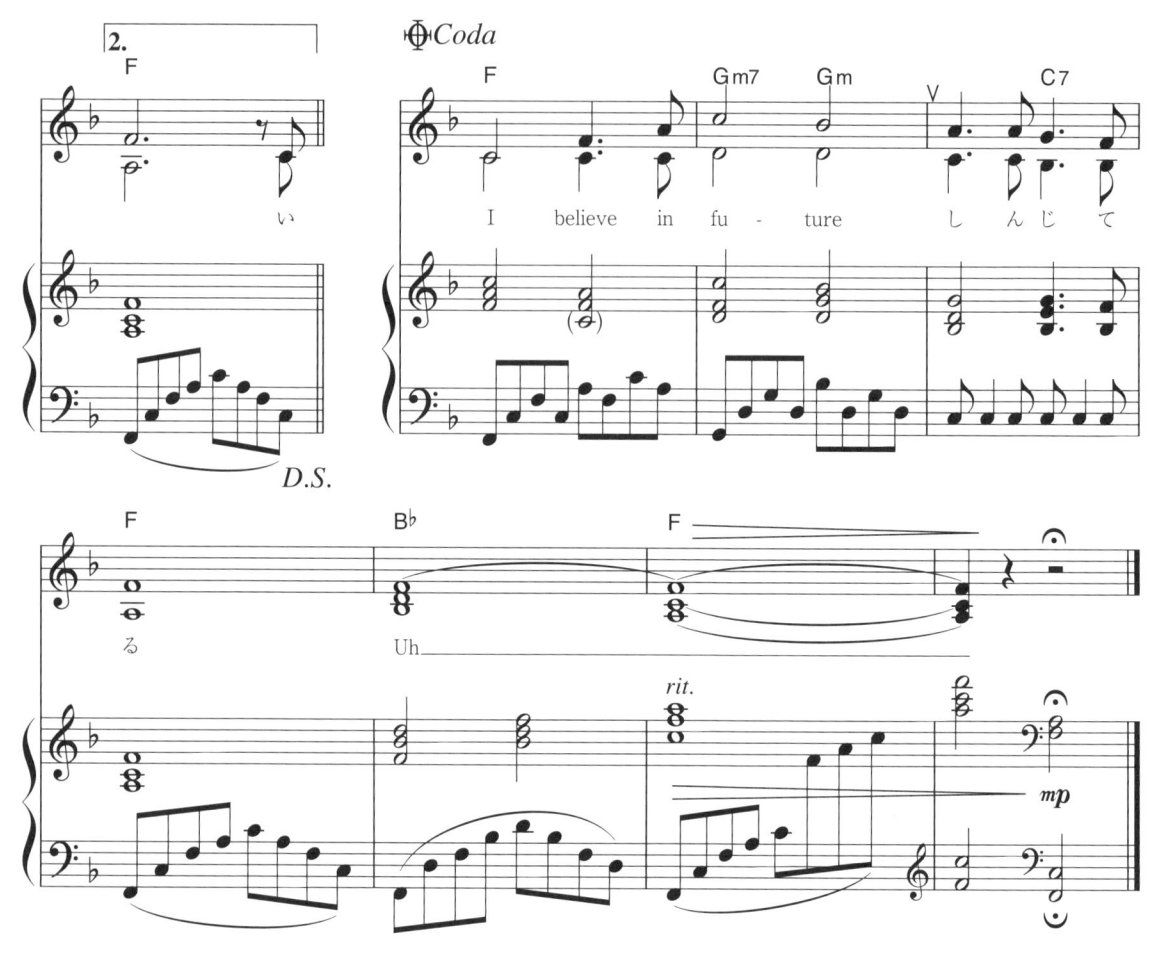

[演奏順序]
前奏 − A − B − C − D − （間奏）− A − B − C − D − 2. − D.S. C − to ⊕ − ⊕Coda

1番

1. たとえば

右手親指と人差し指で輪をつくり、左手の甲にあてる

2. きみが

右手人差し指で相手を指差す

3. きずついて

自分を指差してから、右人差し指で左手親指を斬りつける動作

21.Believe

4. くじけそうに

右手のひらで鼻先を左へ払い、顔を下に向ける

5. なった ときは

両手のひらを自分に向け、胸の前で交差させる

右手の親指と人差し指を伸ばし、親指を左手のひらにあて、人差し指を上からクルッと前に回転させる

6. かならず

両手の小指同士をからめ、軽く上下に振る

7. ぼくが

右人差し指で自分を指差す

8. そばに いて

両手の親指と人差し指の先をそれぞれつけ、左右から中央へ寄せる

9. ささえて あげるよ

左手親指を立てた後ろに右手のひらをあて、軽く前に押し出す

両手のひらを上に向けて差し出す

10. その かたを

相手を指差し、右手の親指と人差し指を右肩にあてる（右手のひらを上に向けて前に出してから、指先を肩にあてても良い）

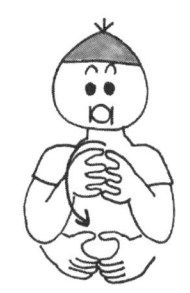

11. せかい じゅうの

両手で球をつくり、前に回転させる

右手のひらを下に向け、左から右へ水平に半円を描く

12. きぼう のせて

右手のひらを下に向け、こめかみのあたりから斜め上へ指先をヒラヒラさせながら出す

13. このちきゅうは　まわってる

右手のひらに左手の甲を乗せ、2回打ちつける

11と同じ動作

右手の親指と人差し指で円をつくり、球をつくった左手の上から円を描く

14. いま

両手のひらを下に向け、軽く2回上下させる

15. みらいの

右手のひらを前に向け、顔の横から前に押し出す

16. とびらを　あける　とき

目の前で両手のひらを前に向け、親指同士をつけてから、左右に広げていく（扉が開く状態）

5右と同じ動作

17. かなしみや

右手の親指と人差し指で、涙が出る様子を描く

くるしみが

右手の指を曲げて、胸の前で円を描き、げんこつを胸にあてる（右側の表現は省略してもよい）

18. いつの　ひか

15と同じ動作

5右と同じ動作

19. よろこびに

両手のひらを胸にあて、上下に振る

21.Believe

20. かわる　だろう

両手のひらを自分に向け、胸の前で交差させる（5の「なる」と同じ）

右手人差し指と中指を立て、顔の横で前後に振る

21. I believe in future

自分を指差す（7と同じ動作）

紐をつかむように、右手を上、左手を斜め下にして、それぞれ指を閉じながら右斜め上へ上げる

2番

22. しんじてる

15と同じ動作

21の「believe」（信じる）と同じ動作

23. もしも

右頬の横で、右手親指と人差し指を閉じて、ピッと指先をはじく

24. だれかが

右手の甲で右頬をなでる

25. きみの　そばで

2と同じ動作

8と同じ動作

26. なきだしそうに

両手で泣く動作をする

27. なった

5と同じ動作

ときは

28. だまって
右手人差し指を立てて口にあてる 

29. うでを　とりながら 
右手で左腕を上から軽くたたく 
右手で左腕を持ち上げる

30. いっしょに 
両手の人差し指をそろえて前に出す

31. あるいて　くれるよね 
両手の人差し指と中指の先を下に向け、交互に前に出す 
両手のひらをそろえて上に向け、前から自分に引き寄せ、隣同士で顔を見合わせる

32. せかい　じゅうの 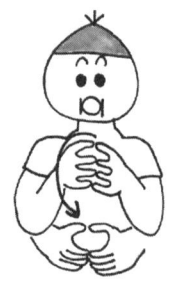
11と同じ動作

33. やさしさで
胸の前で両手のひらを向かい合わせ、指先をつけたり離したりしながら左右に広げる 

34. このちきゅうを 
11左と同じ動作

35. つつみ　たい 
両手の指先を上に向け、囲むように水平に輪を描く

21.Believe

36. いま

右手親指と人差し指を広げてあごにあて、下へおろしながら指先をすぼめる

14と同じ動作

37. すなおな きもちに

両手でネクタイを締めるような動作をする

右手の人差し指でみぞおちあたりに小さい円を描く

38. なれる なら

5左と同じ動作

左手のひらの上に右手のひらをあて、クルッと返す

39. あこがれや

12の「希望」と同じ動作

いとしさが

左手の甲を上にし、右手のひらでその上をなでる

40. おおぞらに はじけて

右手で左から右上へ大きく弧線を描く

胸の前で両手をげんこつにし、パッと左右に開く

41. ひかる

ピカピカ光るように、左右で両手を開いたり閉じたりする（両手を上に上げてもよい）

だろう　　　　　　**42.** I believe in future

20 右と同じ動作 　　21 と同じ動作

43. しんじてる　**44. いま　みらいの　とびらをあける　とき**

22 と同じ動作 　　14 〜 16 と同じ動作

42. I believe in future　しんじてる

21 〜 22 と同じ動作

22. 故郷 (ふるさと)

作詞●髙野辰之　作曲●岡野貞一　編曲●木許 隆

1番

1. うさぎ 
両手のひらを後ろに向け、頭の両横で前後に振る

2. おいし 
人差し指を立てた両手を、前後に置いて前に出していく

3. かの 
右手の人差し指でこめかみをさし、手のひらを後ろに向ける

4. やま 
右手のひらを下に向け、左から右へ山の形を描く

5. こぶな 
両手の親指と人差し指で半円をつくり、左右から中央へ寄せる

右手のひらを自分に向け、指先を揺らしながら右から左へ移動させる

6. つりし 
釣りざおのように両手の人差し指を前後に伸ばし、上に上げる

7. かの 
3と同じ動作

かわ 
右手人差し指、中指、薬指を立て、上から揺らしながら下へおろす

8. ゆめは 
右手のひらを下に向け、こめかみのあたりから斜め上へ指先をヒラヒラさせながら出す

9. いまも 
両手のひらを下に向け、軽く2回上下させる

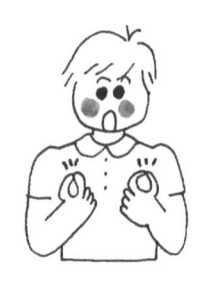

両手を上に向け、親指と人差し指の先をつける

22. 故郷

10. めぐりて

両手人差し指の指先を向かい合わせ、顔の右横（こめかみのあたり）でグルグル回転させる

11. わすれ

顔の横で指を開いた右手を、下へおろしながら握る（手のひらは後ろ向き）

12. がたき

右手を握り、目と口をギュッと閉じて、体を縮こませる

13. ふるさと

体の中央で両手の指先をすぼめ、斜め前に広げていく

2番

14. いかに

右手を湾曲させ、前に伏せる

右手の人差し指を上に立て小さく左右に振ってから、右手人差し指で左手の親指側を2回打つ

15. います

両手をL字型にして向かい合わせ、円を描くように回す

16. ちち

右手の人差し指で頬をつつき、親指を立てる

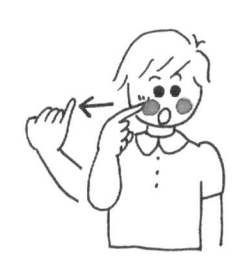

17. はは

右手の人差し指で頬をつつき、小指を立てる

18. つつがなしや

両手のひらを自分に向け、左右から寄せて胸の前で交差させる

両手のひらを前に向け、クルッと手首を回転させて自分に向ける

19. ともがき

両手で握手をして軽く振る

20. あめに
両手の親指と小指を伸ばし、中央から手首をひねりながら左右に広げる

21. かぜに
両手のひらを下に向けて上下させる

22. つけても
両手のひらを前に向け、右上から左斜め下へ振りおろす

両手の人差し指を上に立てて向かい合わせる

23. おもいいずる
手首を上げて、親指と人差し指の先をつける

8と同じ動作

24. ふるさと
13と同じ動作

3番

25. こころざしを
両手のひらを自分に向け、軽く2回前に出す

顔の前で左手を握り、その親指側に右手人差し指をあてる

26. はたして
右手の小指側を右肩に軽くあてる

左手のひらを自分に向けて、右手人差し指で✕の形を描く

22. 故郷

27. いつの
右手のひらを前に向け、顔の横から前に押し出す

28. ひにか
右に向けた左手のひらに右手親指の先をつけ、人差し指を上に立ててクルッと前へ回転させる

29. かえらん
右手のひらを下に向け、前に出すと同時に指先をすぼめる

30. やまは あおき
4と同じ動作

31. ふるさと
右手のひらで右頬をなでる

13と同じ動作

32. みずは
右手のひらを上に向け、左肩のあたりから右下へ揺らしながら下げる

33. きよき
左手のひらの上に右手のひらを乗せ、右前へ払う

34. ふるさと
13と同じ動作

23. ホ！ホ！ホ！

作詞●伊藤アキラ　作曲●越部信義　編曲●伊藤嘉子

1. たのしい　メロディー　わすれたい　ととききはー
2. あいたう　ひとみに　あけした　ととききはー
3. きのうの　なみだ　すいた　ととききはー

よよよ　んんでででみみみ　よよよー　うう　よよよー　あそあ　おおの　ぞなの　らまそ　にえら

ホ　ホ　ホ　ホ　　ユー　レユー　レユー　レユー　レ

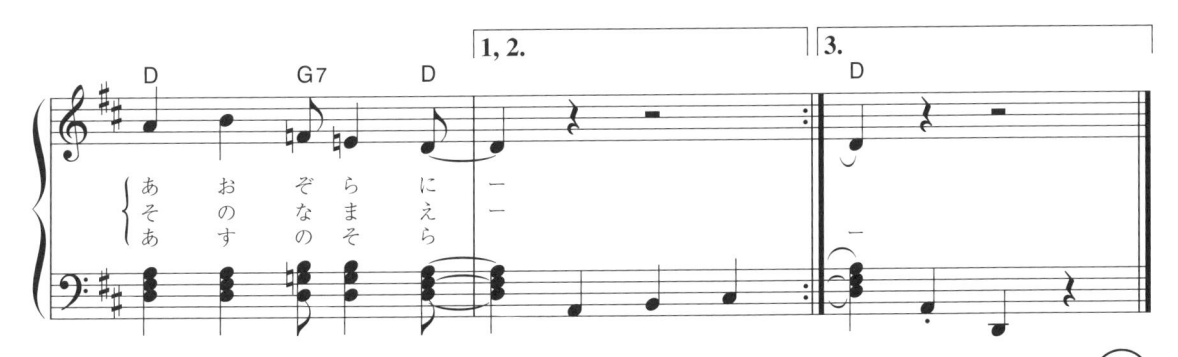

23. ホ！ホ！ホ！

1番

1. たのしい

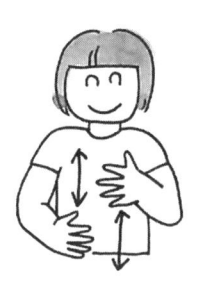

両手のひらを胸に向け、交互に上下に振る

2. メロディー

両手の人差し指と中指をそろえて立て、口元で左右に振る

3. わすれた

頭の横（こめかみのあたり）で右手のこぶしをパッと開く

4. ときは

右に向けた左手のひらに右手親指の先をつけ、人差し指を上に立ててクルッと前へ回転させる

5. よんでみよう

両手を前に出し、右（左）を向いて「おいでおいで」をする

左（右）を向いて「おいでおいで」をする

6. あお ぞらに

右手のひらで右頬をなでる

両手を上に上げ、左右に広げる

7. ホホホホ

腰を曲げ、両手で両ひざを4回打つ

8. ユーレユーレ ユーレユーレ

両手を上げ（ばんざい）腰を振る

9. ホホホホ

7と同じ動作

10. ユーレユーレ ユーレユーレ

8と同じ動作

11. かえって　くるよ

右手のひらを下に向け、前に出すと同時に指先をすぼめる

右手の人差し指を立て、手前に引く

12. あの

1と同じ動作

23. ホ！ホ！ホ！

13. メロディーが

2と同じ動作

14. ホホホホ

7と同じ動作

15. ユーレユーレ
ユーレユーレ

8と同じ動作

16. ホホホホ

7と同じ動作

17. ユーレユーレ
ユーレユーレ

8と同じ動作

18. よんでみようよ

5と同じ動作

19. あお　ぞらに

6と同じ動作

143

2番

20. あいたい

両手の人差し指を立て、左右から中央へ寄せてくる

右手親指と人差し指を広げてあごにあて、下へおろしながら指先をすぼめる

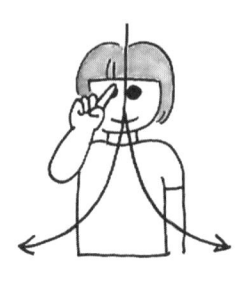

21. ひとに

右手の人差し指で「人」の字を空書する

22. あいたい

20と同じ動作

23. ときは

4と同じ動作

24. よんでみよう

5と同じ動作

25. その

ここでの「その」は「会いたい人」なので、20〜21と同じ動作

26. なまえ

右手の親指と人差し指で輪をつくり、左胸にあてる

27. ホホホホ

7と同じ動作

28. ユーレユーレ ユーレユーレ

8と同じ動作

29. ホホホホ

7と同じ動作

30. ユーレユーレ ユーレユーレ

8と同じ動作

31. かえって くるよ

11と同じ動作

32. あの

1と同じ動作

33. ほほえみが

頬の横で、両手の指先を閉じたり開いたりする

23.ホ！ホ！ホ！

**34. ホホホホ
ユーレユーレ
ユーレユーレ
ホホホホ
ユーレユーレ
ユーレユーレ**

7～8と同じ動作を2回繰り返す

35. よんでみよう

5と同じ動作

36. その

25と同じ動作

37. なまえ

26と同じ動作

3番

38. きのうの

右の人差し指を立てて、顔の横から後ろへ動かしていく

39. なみだ

右手の親指と人差し指をつけて目の下にあて、揺らしながらおろす（涙のこぼれる様子）

40. けしたい

両手を胸の前で交差させると同時に、げんこつにする

41. ときは

4と同じ動作

42. よんでみよう

5と同じ動作

43. あすの

右手人差し指を立て、顔の横から前に出す

44. そら

6の右と同じ動作

45. ホホホホ
　　ユーレユーレ
　　ユーレユーレ
　　ホホホホ
　　ユーレユーレ
　　ユーレユーレ

7〜8と同じ動作を2回繰り返す

46. どこかで

右手の人差し指を立て、小さく左右に振り、手のひらを湾曲させて前に置く

47. だれかが

右手の甲を右頬にあて、なでる

48. きいている

右手を右耳にあてる 　　左手を左耳にあてる

49. ホホホホ
　　ユーレユーレ
　　ユーレユーレ
　　ホホホホ
　　ユーレユーレ
　　ユーレユーレ

7〜8と同じ動作を2回繰り返す

50. よんでみよう

5と同じ動作

51. あすの

43と同じ動作

52. そら

6の右と同じ動作

※「ホホホホ　ユーレユーレ　ユーレユーレ」はいろいろな表現を楽しんでください。

24. みんなともだち

作詞・作曲●中川ひろたか　編曲●伊藤嘉子

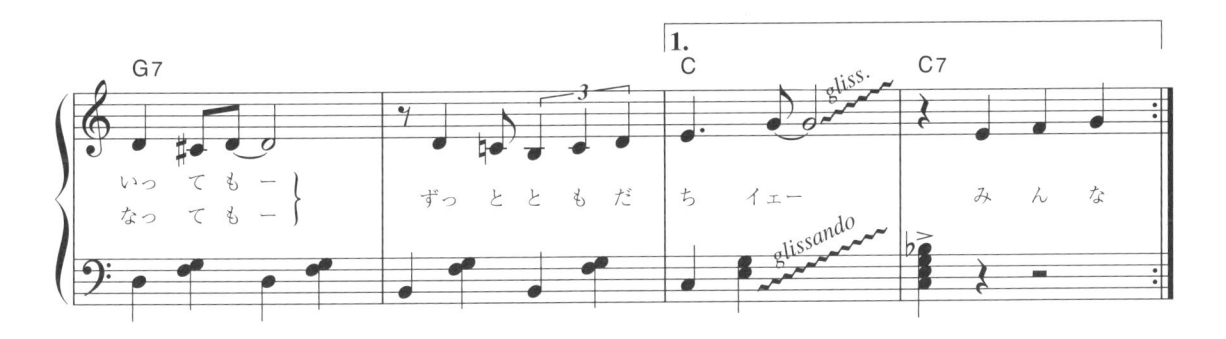

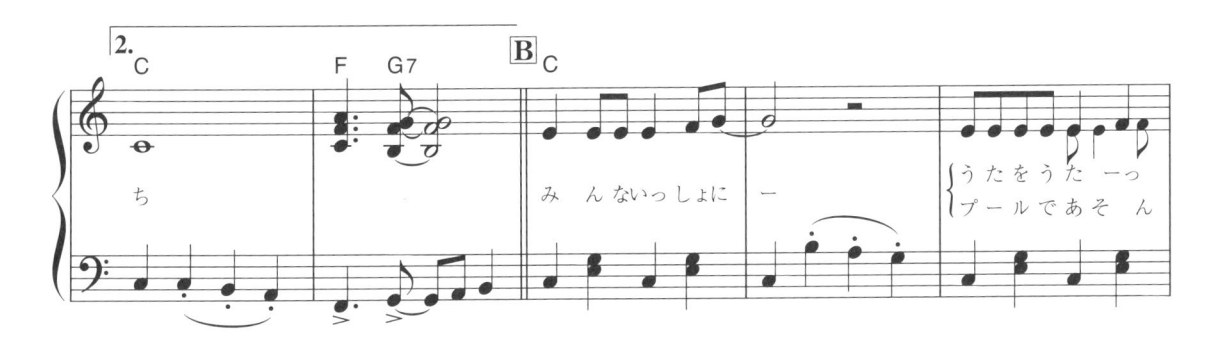

※D.S.の時もくりかえしあり

A7
Dm
G7
たただ
みんないっしょに
ー
えーをーかーい
ロボットをつくっ
た
C
A7
Dm
みんないっしょに
ー
おさんぽをし
かけっこをし
たた
みんないっしょに
Dm
G7
C7
C
F
ー
おおきくなーっ
たみんな
ともだちー
D.S.
F
C
A7
G7
ずっとずっと
ともだちー
がっこう
おとなに
いってもー
なってもー
G7
1.
C
C7
2.
C
3
gliss.
ずっとともだ
ちイェー
みんな
ちイェー！
glissando
glissando

24. みんなともだち

1番

1. みんな
右手のひらを下に向け、左側から右へ半円を描く

2. ともだち
胸の前で両手を握り、軽く前後に振る

3. ずっとずっと ともだち
両手の親指と人差し指で輪をつなぎ、前方に押し出す

2と同じ動作

4. がっこう
「勉強」「学校」の手話は、本を読む姿で表現。校舎を表す場合は「場所」の手話を加える

5. いっても
「入る」の手話。両手の人差し指で「入」の形をつくり、前に倒す

6. ずっと ともだち
3と同じ動作

7. Yeah-
Ｖ字を斜め上に突き出す。子どもたちに自由に表現させてもよい

8. みんな ともだち ずっとずっと ともだち
1〜3と同じ動作

9. おとなに
「大人」は、両手首を直角に曲げて、肩から上に上げる。「背が高い」を表している

10. なっても

右手のひらを前に向け、そのまま前に押し出す

11. ずっと ともだち

3と同じ動作

12. いっしょに

「一緒」は、両人差し指を合わせる

13. うたを うたった

両手の人差し指と中指をそろえて立て、口元で左右に振る。「歌う」の手話

14. みんな いっしょに

1、12と同じ動作

15. えをかいた

「絵を描く」は、キャンバスに見立てた左手に、右手で絵の具を塗る動きを表す

16. みんな いっしょに

14と同じ動作

17. おさんぽをした

「歩く」には別の表現もあるが、ここでは歩く様子を表現

18. みんな
いっしょに

14と同じ動作

19. おおきく

9と同じ動作

20. なった

両手を開いた状態から、胸の前で交差させる。「変わる」の手話

21. みんな

1〜11と同じ動作

24. みんなともだち

ともだち

ずっとずっと　ともだち

がっこう

いっても

ずっと　ともだち

(151)

Yeah-

みんな
ともだち
ずっとずっと
ともだち

1〜3と同じ動作

おとなに

なっても

ずっと　ともだち

2番

22. みんな　いっしょに

14と同じ動作

23. プールで

泳ぐ様子を表現する。クロールでも平泳ぎでも好きな泳ぎ方でいいだろう

24. あそんだ

顔の横で、両人差し指を交互に、前後に振る。泳ぐ動作を続けてもよい

25. みんな
　　いっしょに

14と同じ動作

26. ロボットを
　　つくった

ロボットの手話はないので、「作る」手話で表現。金槌などでトントンたたく様子

27. みんな いっしょに

14と同じ動作

28. かけっこをした

走る動きで表現

29. みんな いっしょに

14と同じ動作

30. みんな

1〜11と同じ動作

24. みんなともだち

ともだち

ずっとずっと　ともだち

がっこう

いっても

ずっと　ともだち

Yeah-

みんな
ともだち
ずっとずっと
ともだち

1〜3と同じ動作

おとなに

なっても

ずっと　ともだち

25. 森のくまさん

作詞●馬場祥弘　曲●アメリカ民謡　編曲●木許 隆

25. 森のくまさん

1番

1. あるひ

両手のひらを下に向け、軽く2回上下させる。ここでは「今日」「今」の手話で表現

2. もりの なか

顔のほうに向けた両手のひらを、交互に上下させながら左右に動かす。「中」はなくても意味が通じるので省略

3. くまさんに

「熊」は、胸に三日月の形を描く

4. であった

立てた両人差し指を、左右から中央へ寄せて合わせる。「会う」の手話

5. はな さく

軽く握った両手首を前後に合わせ、手首を戻しながら指先を開く。歌に合わせて左右で2回。「花」「花が咲く」の手話

6. もりの みち

両手のひらを向かい合わせ、前に出す。「道」の手話はまっすぐ出すが、ここは森の道なので左右に揺らす

7. くまさんに

3と同じ動作。または熊さんのほうを指差す

8. であった

4と同じ動作

2番

9. くまさんの

3と同じ動作

10. いうことにゃ

「言う」の手話。口の側に握った右手をあて、指を開きながら前方に突き出す

11. おじょうさん

小指を立てて「娘」を表す。「かわいい」は、その上で右手を回す

12. おにげなさい

ここでは「行く」の手話をあてた。下に向けた人差し指を前方に向ける

**13. スタコラサッサッサッのサー
スタコラサッサッサッのサー**

元気よく走る様子を表現

3番

14. ところが

「しかし」「でも」など、右手のひらを回すことで、それまで述べてきたことを否定する

15. くまさんが

親指を立てる「男」の手話で熊さんを表す（右手）

16. あとから

小指を立てて「女の子」を表す（左手）

17. ついてくる

お嬢さんに熊さんがついてくる様子を表す

**18. トコトコ
トッコトッコトー
トコトコ
トッコトッコトー**

13と同じ動作

4番

19. おじょうさん

11と同じ動作

20. おまちなさい

右手の甲をあごにつける。「待つ」

21. ちょっと

呼び止める動作をする

25. 森のくまさん

22. おとしもの

落し物を下から拾い、お嬢さんのほうに差し出して見せる様子を表現

23. しろい

「白い」は、歯を指差す

24. かいがらの

「貝」は両手を重ね、手首をつけたまま、指先を開閉する

25. ちいさな

「かわいい」の手話で表現。甲を上にした左手の上で、下を向いた右手のひらを回す

5番

26. イヤリング

耳たぶを親指と人差し指でリング状にしてつまむ

27. あら

驚いた表情と動き

28. くまさん

次の歌詞につなげるために、熊さんからイヤリングを受け取る動作

29. ありがとう

「ありがとう」は、関取が賞金を受け取る動作。左の甲に垂直に右手をあて、お辞儀をする

30. おれいに

人差し指を立てて向かい合わせた両手を回転させ、前後を入れ替える。「代わりに」で表現

31. うたいましょう

両手の人差し指と中指をそろえて立て、口元で前方、左右に振る

32. ラララララララー ラララララララー

31の「歌う」を繰り返すか、自由に歌う様子を表現

編著者プロフィール

伊藤嘉子（いとう よしこ）

愛知学芸大学（現・愛知教育大学）音楽科卒業、イタリアへ留学。東海女子短期大学講師、岡崎女子短期大学付属嫩幼稚園長などをつとめる。また、全国大学音楽教育学会専務理事、兵庫大学短期大学部保育科教授を歴任。

主な著書

「手話によるメッセージソング１」「手話によるメッセージソング２」「作って表現とっておき２０の実践」「手話でうたおう子どもの歌」（以上、音楽之友社）、「はじめてのやさしい手話の歌あそび」（ひかりのくに）、「障害幼児をはぐくむ楽しい保育」（共著、黎明書房）など多数

編集協力者プロフィール

木許隆（きもと たかし）

大阪音楽大学音楽学部器楽学科を経て、オーストリア国立ウィーン音楽大学指揮科マスターコース修了。ウィーン国際音楽コンクール（指揮部門）において史上最年少で特別賞を受賞し帰国。播磨文化奨励賞受賞。現在、中京短期大学准教授、全国大学音楽教育学会・日本表現学会・日本管打吹奏楽学会各会員。

主な著書

「ピアノへのアプローチ４ステップス」（共著）「保育者のためのリズム遊び」（共著）（以上、音楽之友社）、「うたのファンタジー」（共著、圭文社）など。

皆様へのお願い

　楽譜や歌詞・音楽書などの出版物を権利者に無断で複製（コピー）することは、著作権の侵害（私的利用など特別な場合を除く）にあたり、著作権法により罰せられます。また、出版物からの不法なコピーが行われますと、出版社は正常な出版活動が困難となり、ついには皆様方が必要とされるものも出版できなくなります。
　音楽出版社と日本音楽著作権協会（JASRAC）は、著作者の権利を守り、なおいっそう優れた作品の出版普及に全力をあげて努力してまいります。どうか不法コピーの防止に、皆様方のご協力をお願い申し上げます。

　　　　　　　　　　　　　　　　　株式会社 音楽之友社
　　　　　　　　　　　　　　　　　一般社団法人 日本音楽著作権協会

LOVE THE ORIGINAL
楽譜のコピーはやめましょう

手話によるメッセージソング ベスト 25

2008年4月30日　第1刷発行
2024年2月29日　第15刷発行

編著者　伊藤　嘉子（いとう　よしこ）
編集協力　木許　隆（きもと　たかし）
発行者　時枝　正
発行所　東京都新宿区神楽坂6-30
　　　　株式会社 音楽之友社
　　　　電話 03 (3235) 2111 (代)　〒162-8716
　　　　振替 00170-4-196250
　　　　https://www.ongakunotomo.co.jp/

イラスト：たかき　みや
装丁：吉原順一
編集：外崎明成
楽譜校正：古川亨
浄書・組版：株式会社スタイルノート
印刷：錦明印刷
製本：ブロケード

NO COPY

© Ito Yoshiko　　　　　　　　　　　　　　　　　Printed in Japan

日本音楽著作権協会（出）許諾番号 0802428-315 号
㈱ヤマハミュージックエンタテインメントホールディングス　出版許諾番号　20231049 P

この著作物の全部または一部を権利者に無断で複製（コピー）することは、
著作権の侵害にあたり、著作権法により罰せられます。
落丁本・乱丁本はお取替いたします。

ISBN978-4-276-31486-3　C1073